Christa Wichterich
Femme global

W0088829

Christa Wichterich ist Soziologin, freie Publizistin und Mitglied im wissenschaftlichen Beirat von Attac.

AttacBasisTexte 7

Christa Wichterich

Femme global

Globalisierung ist nicht geschlechtsneutral

VSA-Verlag Hamburg

www.attac.de

www.vsa-verlag.de

© VSA-Verlag 2003, St. Georgs Kirchhof 6, 20099 Hamburg
Titelfoto: Karsten Hennig
Alle Rechte vorbehalten
Druck- und Buchbindearbeiten: Druckerei Runge, Cloppenburg
ISBN 3-89965-031-X

Inhalt

Einleitung

Globalisierung ist ein multidimensionaler Prozess der Neuordnung gesellschaftlicher Verhältnisse über nationalstaatliche Grenzen hinweg. Der Motor dieses Prozesses ist das ökonomische und politische Projekt des Neoliberalismus. Die Globalisierung als universelle Durchsetzung der Freihandelsdoktrin vollzieht sich jedoch keineswegs nur auf Finanzmärkten und in Handelspolitiken. Vielmehr sind es auch die handelnden Subjekte auf der mikro-ökonomischen Ebene, Frauen und Männer in ihrem gelebten Alltag in Betrieben, auf Feldern, in Haushalten und sozialen Beziehungen, die die Globalisierung lokal umsetzen. Dabei strukturieren sie gesellschaftliche Realitäten um und konstruieren ihre sozialen, politischen, wirtschaftlichen und kulturellen Praktiken und Rollen in der Gesellschaft neu.

Ich vertrete im Folgenden die These, dass die neoliberale Globalisierung hierarchische Geschlechterverhältnisse und andere soziale Ungleichheiten nutzt, um sich über Mechanismen wie Konkurrenz und Polarisierung, Aufwertung und Abwertung, Ausschluss und Integration durchzusetzen. So baut das neoliberale Regime auf bestehenden Geschlechterungleichheiten auf, modernisiert sie aber gemäß der Markt-, Effizienz- und Wettbewerbslogik.

Die globalisierungskritischen Bewegungen mobilisieren Widerstand gegen die Ungerechtigkeiten und Ungleichheiten, Herrschafts- und Armutsstrukturen, die durch die neoliberale Globalisierung entstehen oder verstärkt werden. Wer jedoch über die Komplexität von Unterdrückungs- und Ungerechtigkeitsverhältnissen spricht, darf über hierarchische Geschlechtersysteme nicht schweigen. Das Schweigen ist ein strategisches Element von Herrschaftslegitimation und das Gegenteil von sozialer Emanzipation.

Ohne feministische Globalisierungskritik bleiben die Herrschaftskritik und die emanzipatorischen Ansprüche globalisierungskritischer Bewegungen nicht nur unvollständig, sondern geraten auf eine falsche Bahn. Da die Globalisierungsanalyse seit Mitte der 1990er Jahre wieder einmal den Mann als den universellen Gesamtmenschen unterstellte, ging es feministischer Globalisierungskritik als erstes um das Sichtbarmachen von Frauen in diesen Prozessen und um den Nachweis geschlechtsspezifischer Unterschiede. Dabei wurde immer deutlicher, dass Globalisierungsprozesse von Anfang an und strukturell geschlechtlich kodierte Prozesse sind. Sie haben nicht nur unterschiedliche Auswirkungen auf Männer und Frauen. Vielmehr realisieren sie sich über die Geschlechterordnung und krempeln dabei Geschlechterbeziehungen und die praktizierten Formen von Männlichkeit und Weiblichkeit um.

Feministische Fragestellungen präzisieren die Analysen der neoliberalen Globalisierung und führen zu anders akzentuierten Perspektiven und Alternativen:

- Feministische Globalisierungskritik will die Geschlechtsneutralität der Globalisierung enttarnen und alte und neue Ungleichheits- und Ungerechtigkeitsstrukturen zwischen Frauen und Männern aufspüren.
- Sie will die Verschränkung von Neoliberalismus und patriarchalen Strukturen, von Gesellschafts-, Weltwirtschafts- und Geschlechterordnungen dekonstruieren.
- Ihr liegt ein ganzheitliches Wissenschaftskonzept zugrunde, sodass sie einzelne Bereiche individuellen und gesellschaftlichen Handelns in ihrem jeweiligen breiten Kontext betrachtet.
- Sie ankert in dem erweiterten Politikverständnis der zweiten Frauenbewegung: »Das Private ist politisch«. Geschlechterverhältnisse sind ein Politikum, d.h. gesellschaftlich konstruiert, verhandelbar und veränderbar.
- Zentraler Baustein feministischer Globalisierungskritik ist feministische Ökonomie, die das Gesamt von Arbeit und Wirtschaft – den Zusammenhang von Reproduktion und Produktion, unbezahlter und bezahlter Arbeit, Markt- und Sorgeökonomie – ins Zentrum stellt.
  Dabei muss feministische Globalisierungskritik über frühere Ansätze feministischer Gesellschaftskritik hinausgehen und deren Fehler vermeiden.
- Westliche Frauenbewegungen unterstellten Frauen qua biologischem Geschlecht und gesellschaftlicher Rollenzuweisung als eine homogene Interessengruppe mit einer kollektiven Identität. Diese essentialistische Herangehensweise wurde seit An-

fang der 1980er Jahre vor allem von schwarzen Frauen und Migrantinnen kritisiert. Die soziale Kategorie Geschlecht darf nicht von anderen Kategorien wie Klasse, Ethnie, Religion, Alter, sexuelle Orientierung usw. abgelöst, sondern die wechselseitigen Bezüge und Überschneidungen müssen aufgearbeitet werden. Der feministische Fokus auf ungleiche Geschlechterverhältnisse darf nicht dazu führen, dass andere soziale Bestimmungskategorien ausgeblendet werden, die quer zur Kategorie Geschlecht liegen und sie in ihrer Bedeutung oft überlagern.

■ In der Vergangenheit haben Feministinnen vor allem die gesellschaftlichen Strukturen von Geschlechterungleichheit, von Gewalt gegen Frauen und ihre Diskriminierung beleuchtet. In jüngster Zeit rückten dagegen Theoretikerinnen die Subjektivitäten und Identitäten in den Vordergrund. Die Analyse muss eine Balance zwischen der strukturellen und der subjektiven Seite von Wirklichkeit und von gesellschaftlichen Praktiken finden.

■ Feministische Gesellschaftskritik trat mit dem Anspruch an, die weltweite Kultur des Schweigens über Unrecht und Gewalt gegen Frauen zu brechen und geschlechtsspezifische Ungleichheit und Ungerechtigkeiten sichtbar zu machen. Dabei darf sie jedoch einerseits nicht unterstellen, dass alle Frauen Opfer sind oder alle gleichermaßen Opfer sind. Andererseits darf Kritik an Herrschaft, Gewalt und Diskriminierung Frauen nicht in eine ewige Opferrolle befördern. Vielmehr müssen Frauen gleichzeitig als Subjekte, als Akteurinnen und auch als Widerständige sichtbar gemacht werden.

Im Folgenden werden feministische Ansätze und Perspektiven in exemplarische Bereiche von Globalisierungskritik eingebracht. Dies sind Momentaufnahmen komplexer Prozesse und Landschaften, keine flächendeckende Darstellung feministischer Globalisierungskritik.

1. Makro-Ökonomie und Mikro-Welten

Die Makro-Ökonomie kennt keine Klasse, keine Kultur, kein Geschlecht. Außenhandelsbilanzen, Bruttosozialprodukt, Dow Jones und Dax, Staatsverschuldung und Wachstumsraten kommen als nackte Zahlen ohne menschliches Gesicht daher. Dabei sind Import- und Exportquoten, Ersparnisse, Aktienkurse, Weltmarktpreise und Konsumquoten Resultate ökonomischen Handelns höchst unterschiedlicher Akteure und wirken vermittelt über den Markt auf diese auch wiederum höchst unterschiedlich zurück.

Makro-ökonomische Aggregate machen alle Ungleichheiten, die sie zur Voraussetzung haben, und alle Ungleichverteilung, die ihr Resultat ist, unsichtbar. Ebenso machen sie alles unsichtbar, was außerhalb des Marktes stattfindet. Die gesamte soziale Reproduktion der Gesellschaft, auf die die Marktökonomie aufbaut, geht nicht in die Zahlenwerke ein. Genau hier liegt aber der Kernpunkt der ökonomischen Geschlechterordnung. Denn unbezahlte Versorgungsarbeit wird weltweit zu zwei Dritteln von Frauen und nur zu einem Drittel von Männern geleistet (UNDP 1995). Bei der Erwerbsarbeit ist das Verhältnis genau umgekehrt. Und die geschlechtsspezifische Lohndifferenz – Frauen verdienen im Durchschnitt nur etwa 75% des Männereinkommens – akzentuiert einmal mehr, wie unterschiedlich die Wertschöpfung und Arbeitsleistungen von Männer und Frauen gezählt und bewertet werden (UNIFEM 2000: 92ff.).

Auch die Welthandelsabkommen und die Politik der internationalen Finanzinstitutionen legen makro-ökonomische Daten zugrunde. Freihandel, so die neoliberale Doktrin, ist für alle gut. Belegt wird dies mit steigenden Exportquoten und Wachstumsraten. So führte der IWF bei den Strukturanpassungsprogrammen in Afrika südlich der Sahara Wachstumsquoten und Außenhandelsbilanzen als Erfolgsbeweis vor – gleichzeitig aber hatte auch die Armut zugenommen. Erfolg bedeutet aus der Sicht der neoklassischen Ökonomie Stabilisierung des Staatshaushalts, damit die Schulden bedient werden können, Erfolg heißt nicht etwa Armutsbeseitigung. Die makro-ökonomischen Daten legen einen Schleier des Durchschnittswerts über die gesellschaftlichen Ge-

gensätze von Armut und Reichtum, von sozialen Klassen, von Geschlechtern.

»Ob Brot in der Küche ist, wird nicht in der Küche entschieden« (Brecht, Die Mutter)
Tatsächlich verbergen sich hinter den Erfolgsmeldungen über Strukturanpassungsprogramme und über Liberalisierung eine wachsende Polarisierung von Wohlstand und Elend und eine Neuverteilung von Ressourcen und Macht, Arbeit und Einkommen. Makro-ökonomische Politik wirkt geradewegs in die Mikro-Ökonomien von Regionen und den Alltag von Betrieben, Fabriken, Büros, Feldern, Haushalten und Geschlechterverhältnissen hinein. Sie geht direkt ans »Eingemachte«, wie etwa Liberalisierungsabkommen im landwirtschaftlichen Sektor zeigen.

So öffneten das Agrarabkommen im Rahmen von GATT und regionale Handelsabkommen, wie z.B. das nordamerikanische Abkommen NAFTA, die Märkte der Länder des Südens für landwirtschaftliche Produkte und steuerten die landwirtschaftliche Produktion dieser Länder von der Selbstversorgung zum Export um. Wenn in indischen Küstenregionen Krabben für japanische Tiefkühltruhen gezüchtet oder auf Getreidefeldern nun Blumen für den Export angepflanzt werden, wenn Baumwolle aus Mali auf dem Weltmarkt wegen eines Überangebots nicht mehr konkurrenzfähig ist, wenn importierter US-Reis auf den philippinischen Märkten billiger ist als einheimischer Reis – dann hat das Folgen dafür, was die KleinbäuerInnen auf ihren Feldern anbauen und auf den lokalen Märkten anbieten, es hat Folgen für die Beschäftigungssituation in der Landwirtschaft und schließlich auch für das, was in den Kochtöpfen landet (PAN 2002).

Export – Die neue Landnahme und Externalisierung von ökologischen und sozialen Kosten
Die Finanzpolitik schafft Ungleichheiten, die die Handelspolitik nutzt. Beispiel: Abwertung des mexikanischen Peso 1994 und NAFTA. Der währungspolitische Eingriff machte die Arbeitskräfte billiger und bewirkte den Aufschwung der Exportproduktion sowohl in den Maquila-Fabriken als auch auf den Feldern. Das Freihandelsabkommen öffnete den mexikanischen Markt für Billigimporte aus den USA und konkurrierte damit lokale landwirt-

Kampagnen für Rechte von LandarbeiterInnen und Bäuerinnen

Kampagnen, in denen ein Verhaltenskodex mit sozialen und ökologischen Standards mit Konzernen ausgehandelt wird, zielen darauf, die Rechte von ArbeiterInnen und KleinbäuerInnen umzusetzen und ihre Lebens- und Arbeitsbedingungen zu verbessern. Verhaltenskodices sind systemimmanente Regulierungsinstrumente gegenüber der Privatwirtschaft, jedoch keine politischen Instrumente, um der Exportorientierung und Liberalisierung der Agrarpolitik gegenzusteuern.

Die **Blumenkampagne** von FIAN, Brot für die Welt und *terre des hommes* zielt auf bessere Arbeitsbedingungen von Blumenarbeiterinnen. Importierte Schnittblumen, die aus kontrolliert menschenwürdiger und umweltschonender Produktion stammen, bekommen ein Siegel. VerbraucherInnen sollen dies bei Importeuren und FloristInnen nachfragen.
www.fian.de/blumen

Aktion Kaffeekrise, getragen von Greenpeace, Oxfam, FIAN/VENRO, Christliche Initiative Romero u.a., will die Kaffeeindustrie des Nordens auf einen nachhaltigen und überprüfbaren Verhaltenskodex für die gesamte Kaffee-Beschaffungskette verpflichten.
www.ci-romero.de/kampagnen/kaffee

schaftliche Betriebe aus. Gleichzeitig bot die Agro-Industrie saisonal niedrigentlohnte Beschäftigung an. Als Billigarbeitskräfte werden vor allem Bäuerinnen rekrutiert, die in der traditionellen Landwirtschaft kein Ein- und Auskommen mehr haben. Der Frauenanteil wächst ständig. Frauen aber haben unter diesen Bedingungen keine Verhandlungsmacht, werden schlecht bezahlt und sind wenig über Arbeitsrechte informiert. Eine Studie über die Produktions- und Handelskette von Tomaten von mexikanischen Feldern bis zu kanadischen Supermärkten stellte fest, dass die Mehrzahl der Beschäftigten am einen wie am anderen Ende der Kette schlecht bezahlte, ungesicherte Saison- und Stoßzeitarbeiterinnen sind (Carr/Chen 2001).

In Chile wurde in den letzten beiden Jahrzehnten der Export von Gemüse und Obst für die USA vervielfacht. Die Mehrzahl der Saisonarbeiterinnen sind Frauen; nur 5% der Arbeiterinnen sind dauerhaft beschäftigt. Vom Endpreis der Gemüse erhalten die Erzeuger 11%, wovon die Hälfte in die Löhne fließt. Der große Batzen geht an Exporteure, Importeure und Händler in den USA (Carr/Chen 2001). Die Liberalisierung erweist sich so als eine Umverteilungsmaschine von den Erzeugern zu den Händlern.

Außer bei Baumwolle, Tabak, Kaffee und Tee drängt die Weltbank die Länder des Südens vor allem in vier weiteren landwirtschaftlichen Bereichen die Exportproduktion zu steigern: Fleisch, Aquakultur, Gemüse und Blumen. Tierische Produkte und die traditionellen *cash crops* sind Männersache, Gemüse und Blumen Frauendomäne. In allen vier Bereichen wird mit massivem Einsatz von Agrargiften bzw. Hormonen produziert. Und überall in der Exportlandwirtschaft kennzeichnet ein hohes Maß an Gleichgültigkeit gegenüber jedwedem ökologischen und sozialen Standard die Erzeugung von Biorohstoffen und Nahrungsmitteln.

Meist werden die fruchtbarsten Böden für den Export genutzt. Mit jeder Exportbohne, Tomate, Blume, jedem Tabakblatt oder Baumwollknäuel werden auch Bodenfruchtbarkeit und Wasser exportiert – überall knappe Ressourcen. Gleichzeitig bleibt vergifteter, versalzener oder erodierter Boden nach einigen Jahren zurück, der kaum noch für den Eigenanbau nutzbar ist. Exportproduktion auf den Böden des Südens ist unter diesen Bedingungen eine weltmarkt-vermittelte Landnahme und neokoloniale Ressourcenaneignung: Der Norden gewinnt Land für seine Versorgung und eignet sich Ressourcen an, der Süden verliert Land und Ressourcen. Vandana Shiva hat für Indien berechnet, dass jedem Dollar, der mit dem Export von Fleisch, Blumen oder Krabben verdient wird, ein ökologischer Schaden oder ein Wertverlust für die einheimische Ökonomie in Höhe von fünf bis zehn Dollars gegenübersteht (Shiva 2002). Der wohlhabende Norden lagert die ökologischen und sozialen Kosten seiner Versorgung in Form von Umweltzerstörung und Ausbeutung von Billigstarbeitskräften ohne Bereitstellung sozialer Sicherungsnetze aus den eigenen Gesellschaften aus. Er zahlt nicht für ausgelaugte Böden und Erosion, für Grundwasserverunreinigung und durch Agrargifte verpestete Gewässer – genauso wenig für die kaputten Rücken und Gesundheitsschäden der Bäuerinnen und Landarbeiterinnen.

Ernährungssicherung zwischen Frauenverantwortung und agrarindustriellem Weltmarkt

Die kleinbäuerliche Landwirtschaft liegt im globalen Süden überwiegend in Frauenhänden, weil meist zunächst die Männer auf Jobsuche in die Städte oder Nachbarländer migrieren. Diese Bäuerinnen trifft es hart, dass die Regierungen im Zuge der Strukturanpassungsprogramme die Subventionen z.B. für Saatgut, Düngemittel und Pestizide ab- und das staatliche Vermarktungssystem zurückbauen. Die Produktionskosten steigen wegen immer teurerer, importierter Inputs.

Gleichzeitig überfluten die hochsubventionierten Agrarüberschüsse der Industrienationen die Märkte des Südens. Während die verschuldeten Süd-Länder zu Subventionsabbau genötigt wurden, steigerten die Industrienationen ihre landwirtschaftlichen Subventionen seit 1997 um ein Viertel. Die USA erhöhten die Zuschüsse für ihre Landwirte 2002 um 80%. Und dieselben Länder, die das Dumping ihrer Agrarprodukte im Süden forcieren, weigern sich beharrlich, die Zölle für agrarische Importe aus dem Südens spürbar zu senken (UNDP 2003).

Die Dumpingpreise der industriell produzierten Nahrungsmittel aus dem Norden auf den Märkten des Südens versetzen vielen kleinbäuerlichen Betrieben den Todesstoß. Nach dem Zusammenbruch staatlicher Vermarktungsstrukturen sind die Kleinbäuerinnen gezwungen, an private Händler zu verkaufen – oft nicht mehr kostendeckend. Wegen Arbeitsüberlastung schaffen sie es häufig nicht, ihre Produkte selbst auf den lokalen Märkten anzubieten. Wo sich ihr Ackern aber nicht mehr auszahlt, sondern immer tiefer in die Verschuldungsspirale führt, geben viele den Anbau für die Binnenmärkte auf. Das hat erhebliche Folgen für das Ansehen von Bäuerinnen in ihren lokalen Gemeinschaften. Die hohe Wertschätzung, die die Rolle der Ernährungssicherin den Frauen z.B. in afrikanischen Dörfern einbrachte, bricht weg.

Wo die Liberalisierung des Agrarsektors die lokale Kapazität zur Ernährungssicherung torpediert hat, setzt sich ein neues Konzept durch: Der Weltmarkt soll die Ernährung allüberall sichern. Der Kampf gegen Hunger und Mangelernährung soll nicht von den einheimischen Böden ausgehen, sondern über Export- und Importgeschäfte erfolgen. Dabei ist seit kolonialen Zeiten ein Zusammenhang zwischen dem wachsenden Anbau für den Export und sinkender Nahrungsmittelversorgung belegt (Shiva 2002). So sank z.B. in sechs afrikanischen Ländern südlich der Sahara unter den Strukturanpassungsauflagen der Weltbank innerhalb eines Jahrzehnts die Pro-Kopf-Getreideproduktion um ein Drittel und die gesamte Nahrungsmittelproduktion um 20% pro Person. Derweil wurde der Exportanbau ausgedehnt.

Landreform und Ernährungssouveränität

Gegen dieses neoliberale, über den Weltmarkt vermittelte Konzept von Ernährungssicherheit stellen *La Via Campesina,* ein internationales Netzwerk von Kleinbäuerinnen und Kleinbauern, und FIAN das Konzept der Ernährungssouveränität. Ausgehend von einem Menschenrecht auf Nahrung stellt dieses Konzept die Bedingungen, sich selbst ernähren zu können, ins Zentrum, nämlich Zugang zu Ressourcen wie Land, Wasser, Saatgut und Know-how. Deswegen wird zu allererst eine globale Agrarreform durch Umverteilung gefordert. Diese muss auch geschlechtergerecht sein.

www.fian.org
www.ns.reds.org.hn/via
www.peoplesfoodsovereignty.org

Inzwischen besteht auf dem Weltmarkt ein Überangebot der klassischen Exportprodukte wie Kaffee, Baumwolle und Erdnüsse. Die Preise sinken und Kaffee-ErzeugerInnen von Kenia bis Honduras versuchen, den Preisverfall aufzufangen, indem sie den Anbau ausdehnen und intensivieren, mit immer mehr Pestizideinsatz und immer weniger Anbau für die Selbstversorgung. Gleichzeitig verfügen sie über weniger Kaufkraft, um importierte Nahrungsmittel erwerben zu können. So höhlt die verstärkte Exportorientierung die Ernährungssicherung immer weiter aus.

Auf der Mikro-Ebene der Haushalte fällen die Männer die Entscheidung für den Exportanbau, denn ihnen gehört das Land. Landrechte sind auch Entscheidungsrechte. Männer aber entscheiden sich in der Regel für Produkte, die versprechen, Gewinne abzuwerfen und deshalb auch kulturell nun höher bewertet werden als die Erzeugnisse für die Selbstversorgung.

Auch die Regierungen, die Deviseneinnahmen zur Schuldentilgung dringend benötigen, drängen massiv zur Exportproduktion. In ostafrikanischen Ländern ist es zum Beispiel verboten, Kaffeesträucher abzuhacken. So ist es ein subversiver Akt, wenn kenianische und tansanische Bäuerinnen Bananenstauden zur Selbstversorgung zwischen die Kaffeesträucher pflanzen und diese vertrocknen lassen, weil die Talfahrt der Kaffeepreise auf dem Weltmarkt anhält.

Im Norden ist das Konzept der Ernährungssicherung vermittelt über den Weltmarkt und eine Industrialisierung der Agrarproduktion genauso wenig tragfähig und sozial wie ökologisch ebenso wenig nachhaltig wie im Süden. Die Serie von Lebensmittelskandalen in den vergangenen Jahren bedeuten Ernährungsunsicherheit statt Sicherheit und Qualität. Sie signalisieren, dass es ein folgenschwerer Strukturfehler ist, die Prinzipien der Industrie – Intensivierung, Effizienz, Produktivitätssteigerung – geradewegs auf die Landwirtschaft und damit auf einen Wirtschaftssektor zu übertragen, in dem Wertschöpfung weitgehend auf Naturprozessen und gesellschaftlicher Naturnutzung beruht. BSE ist zum Symbol dafür geworden, wie die Industrialisierung agrarischer Produktion der Natur zuwiderhandelt, wenn sie alles kommerzialisiert. Die Produktion gerät außer Kontrolle und endet in einem großen Ernährungsrisiko, im BSE-Fall gar wortwörtlich im Wahnsinn. Frauen als Verbraucherinnen und Ernährungschefs in den Haushalten baden die Gefährdung am Ende der Nahrungskette aus. Sie stehen in der Verantwortung, Lebensmittel verbraucher-, gesundheits- und umweltbewusst auszuwählen, und sind gefordert, jeden Skandal und jedes Scheitern des industriellen Produktionssystems aufzufangen und auszugleichen.

Neuverteilung natürlicher Ressourcen

Die Liberalisierung im Agrarsektor verschärft die Konkurrenz um natürliche Ressourcen und den Griff einheimischer Eliten und ausländischer Investoren nach Land, Biodiversität und Wasser. Regierungen setzten häufig Land- und Agrarreformen aus, die nach dem Prinzip sozialer Gerechtigkeit Großgrundbesitz und brachliegende Ländereien umverteilen sollten. Die Weltbank forciert Landreformen, die auf den Mechanismen des Marktes beruhen: Banken kaufen Grundbesitzern Land ab und verkaufen es an Landlose oder Kleinbauern nach Bereitstellung eines Kredits weiter. Um diesen Kredit zurückzahlen zu können, sind die neuen Landbesitzer gezwungen, möglichst intensiv, effizient und gewinnträchtig für den Markt zu produzieren.

So findet Exportproduktion längst nicht mehr nur in monokultureller Plantagenwirtschaft statt, sondern auch in der Form von Kontraktfarming auf den Feldern von KleinbäuerInnen. Sie schließen Verträge mit Exporteuren oder ausländischen Unternehmen und bauen auf ihren kleinen Parzellen statt Hirse und Cassava für den Eigenverbrauch und die lokalen Märkte Obst, Gemüse und Blumen an, die rasch zum nächsten Flughafen transportiert, und »erntefrisch« in den Supermarktketten des Nordens landen.

Diverse Women for Diversity

sind ein internationales Netzwerk von Expertinnen mit dem Ziel, die biologische und kulturelle Vielfalt zu erhalten. Sie kämpfen gegen Biopiraterie, Genmanipulation und Patentierung lebender Organismen. Bei der Aushandlung der UN-Konvention zu Biodiversität und dem Protokoll zur biologischen Sicherheit konnten sie das Vorsorgeprinzip durchsetzen. Es erlaubt Regierungen, sich gegen Import und Verseuchung durch genmanipulierte pflanzen- und tiergenetische Ressourcen zu schützen.
www.diversewomen.org

Die Chance, endlich Zugang zu Landbesitz zu bekommen und Erbrechte zu verwirklichen, ist für Frauen bei einer an Verteilungsgerechtigkeit orientierten Landreform größer als bei der Neuverteilung von Land vermittelt über Kredite. Denn sie gelten als nicht kreditwürdig für größere Summen und als zu gering qualifiziert, um rentabel wirtschaften zu können.

Tatsächlich schwindet ihr Zugang zu produktiven Ressourcen, wo Land, Wald, Weideland und Gewässer zunehmend privatisiert werden. Liberalisierung und Privatisierung höhlen das Konzept der Gemeinschaftsgüter aus. Die Privatisierung zieht gerade den Ärmsten die Lebensgrundlagen und Produktionsmittel förmlich unter den Füßen weg, denn sie sind in besonderem Maße auf die Nutzung von Gemeinschaftsgütern zu ihrer Existenzsicherung angewiesen, auf die Biodiversität, auf das Wasser aus Teichen und Bächen, auf Brachland und Wegeränder zum Weiden, auf das Sammeln kleiner Waldprodukte.

Früher sicherte ihnen Mischanbau auf den eigenen Feldern das Überleben. Die Vielfalt, sowohl die Biodiversität als auch die Mischwirtschaft – Land-, Vieh- oder Fischwirtschaft, Waldbewirtschaftung, Verarbeitung von Nahrungsmitteln oder Bioressourcen wie Baumwolle sowie Kleinhandel – bedeuteten Risikominimierung und Ernährungssicherung. Eine bedeutende Ressource dafür war das Saatgut. Die Vielfalt von Saatgut war innerhalb der lokalen Ökonomien das wichtigste Kapital der Frauen und die Entwicklung vieler Nutzpflanzen ihre historische Kulturleistung für die Landwirtschaft. Sie waren die lokalen Biodiversitätsexpertinnen.

Im letzten Jahrzehnt verstärkte die Liberalisierung den privatwirtschaftlichen Zugriff auf die genetischen Ressourcen dieser Erde, die mehrheitlich in den Ländern des Südens liegen. Multinationale Agrar- und Pharmakonzerne eignen sich durch »Biopiraterie« und die Veränderung von genetischem Material z.B. zu sterilem und herbizid-resistentem Saatgut die biologischen Ressourcen der lokalen Gemeinschaften im Süden an. Das WTO-Abkommen zum Schutz geistigen Eigentums (TRIPS) legitimiert durch Patentierung diesen Diebstahl von genetischem Reichtum und indigenem Wissen, das die lokalen Gemeinschaften, vor allem aber die Frauen, durch Erfahrung erworben haben. TRIPS erlaubt den Konzernen die globale Vermarktung und Verwertung des Diebesguts. Durch die Verbreitung kommerzieller Hybridsorten und die Patentierung von Saatgut verlieren Frauen einen Machtfaktor und erleben gleichzeitig eine Entwertung ihres Erfahrungswissens.

Genmanipulation an lebenden Organismen ist ein weiterer Schritt in der Industrialisierung des gesellschaftlichen Naturverhältnisses und der Naturnutzung. Kommerzielles Saatgut ist jetzt ein Bauelement im weltmarkt-vermittelten Konzept von Ernährungssicherung. Steriles Saatgut – treffend »Terminator« getauft – ist das Symbol dafür, wie die Privatwirtschaft und die Biowissenschaften die natürliche Reproduktion von lebenden Organismen in ihre Kontrolle nehmen und zur Ware machen. Dass Bauern und Bäuerinnen in Ländern des Südens nun das Saatgut und die Pflanzen, die sie selbst als Kulturpflanzen gezüchtet haben, Pharma- und Agrar-Konzernen abkaufen sollen, ist eine neue Form der Umverteilung durch Handelsabkommen. Deshalb sind *Farmers' Rights*, ein Recht auf eigenes Saatgut, auf Kontrolle über die genetische Ressourcenvielfalt und der Schutz von Erfahrungswissen von größter Bedeutung für die lokalen Gemeinschaften, besonders aber für die Bäuerinnen und ihre Rolle in den lokalen Ökonomien. *Farmers' Rights,* die vor allem Kleinbäuerinnen-Rechte sind, müssen vom Freihandel ausgenommen werden. Genauso darf die Ernährung durch Selbstversorgung nicht dem Agrarabkommen der WTO unterstellt werden. Insgesamt ist ein grundlegender Kurswechsel in der Agrarhandelspolitik notwendig, der das Recht auf Nahrung und eigenständige Ernährung ins Zentrum stellt und diesem Menschenrecht Vorrang gibt vor dem Freihandel.

2. Standortvorteil: billige, gefügige Frau

Weltmarktfabriken als Enklaven internationaler Produktion
Auf einer Landkarte der wirtschaftlichen Globalisierung seit den 1970er Jahren würde man die Exportproduktionszonen von Sri Lanka bis Tunesien als Stützpunkte transnationaler Produktionsstrukturen einzeichnen. In Weltmarktfabriken, oft in strategischer Nähe zu Flughäfen errichtet, verlagerten Firmen aus den Industrienationen und transnationale Konzerne arbeitsintensive Produktionsschritte, zunächst vor allem in der Textil- und der Elektronikindustrie. Ziel dieser Unternehmensstrategie war, durch den Einsatz von Billigarbeitskräften die Produktionskosten erheblich senken zu können. Möglich war und ist sie wegen der minimalen Energie- und Transportkosten rund um den Globus.

Diese Industrieschneisen von Thailand bis Mexiko waren häufig kasernenmäßig durch Stacheldraht-Einzäunung und paramilitärischen Schutz als ex-territoriale Gebiete markiert, wie Enklaven innerhalb der einheimischen Volkswirtschaften. Den ausländischen Investoren wurden Sonderkonditionen angeboten: Dazu gehörten in der Regel Zoll- und Steuerbefreiung und Ausnahmen von der nationalen Arbeitsrecht- und Umweltschutzgesetzgebung wie z.B. das Verbot gewerkschaftlicher Organisierung – es entstand also ein deregulierter Investitionsraum.

Ein Ausnahmeterrain waren diese Exportfabriken aber auch, weil die absolute Mehrzahl der Beschäftigten junge Frauen waren. Sie wurden meist geradewegs aus den Dörfern rekrutiert, ohne jede Lohnarbeitserfahrung, ohne Rechtsbewusstsein und gewerkschaftlich nicht organisiert, also ohne Verhandlungsmacht, aber mit geschickten Fingern und anlernwillig. Für die Länder des Südens, die nach Möglichkeiten der Weltmarktintegration suchten, waren die niedrigbewerteten weiblichen Arbeitskräfte, die bereit waren, billiger, flinker und ungeschützter, sprich: rechtloser als Männer zu arbeiten, der entscheidende Standortvorteil. Die kapitalistischen Produktionsverhältnisse und die taylorisierte, disziplinierte Fabrikarbeit nutzten genau die Gefügigkeit, die Frauen in den patriarchalen Geschlechterordnungen erlernt hatten (Elson/Pearson 1981, Nash/Fernandez-Kelly 1983, Mitter 1986).

Die Verarmung auf dem Land, wo kleinbäuerliche und Landarbeiterfamilien nicht mehr von der Landwirtschaft allein überleben konnten und ein zusätzliches Einkommen brauchten, war die Antriebsfeder dafür, dass zunehmend auch Töchter in die Städte und die Erwerbsarbeitswelt migrierten. Sie übernahmen Ernährungsverantwortung für die Familie. In den Weltmarktindustrien wurde ihre Lohndiskriminierung mit dem Mythos legitimiert, dass Männer die Hauptverdiener und Ernährer der Familien seien, während die jungen Frauen lediglich vorübergehende Zuverdienerinnen seien. Entsprechend waren ihre Arbeitsverträge z.B. in Südkorea frauenspezifisch: für einen festen Zeitraum von bis zu fünf Jahren, nicht verlängerbar, Heirat in diesem Zeitraum untersagt (Truong 1998: 11).

Die Exportfabriken wurden die ersten Aushängeschilder dafür, dass eine wachsende Zahl von Frauen in den industriellen Welterwerbsmarkt integriert wurde, allerdings auf geschlechtsspezifische Art und Weise: nämlich lediglich mit einem Zugang zu niedrig qualifizierter und gering entlohnter Beschäftigung, ohne Chance auf ein Dauereinkommen und beruflichen Aufstieg. Lohndiskriminierung, Rechtlosigkeit und Gefügigkeit waren der marktentscheidende weibliche Bonus. Damit wurden die Freihandelszonen ein Terrain, auf dem sich die neue internationale Arbeitsteilung mit zugleich einer neuen geschlechtsspezifischen Arbeitsteilung realisierte. Sie waren klar geschlechtlich kodierte Handlungsfelder in der Globalisierungslandschaft: 80% der Beschäftigten an den Nähmaschinen und an den Lötgeräten von Elektrochips waren Frauen, die Vorarbeiter und Manager dagegen Männer.

Diese »frauenorientierte Industrialisierung« (Joekes 1982) in den Exportproduktionszonen war wesentlicher Motor des Wirtschaftsbooms der Schwellenländer Südostasiens (Seguino 2000). In diesen Verschleißindustrien erzeugte der rasante Durchlauf billiger weiblicher Arbeitskräfte, die durch jüngere Frauen aus ländlichen Regionen ausgetauscht wurden, wenn sie nach wenigen Arbeitsjahren in schlechten Arbeitsbedingungen und durch großen Ausbeutungsdruck ausgepowert waren, ein »vergeschlechtlichtes Wirtschaftswunder« (Truong 1998).

Neue Phase der Transnationalisierung von Produktion und Dienstleistung: Konzernimperien

In den 1990er Jahren veränderte sich die Landkarte transnationaler Produktionsstätten infolge des heftigen Liberalisierungsschubs rund um den Globus. Zum einen fand eine neue Verlagerungswelle von Produktionsschritten und -orten statt: Transnationale Konzerne zogen sich aus den boomenden Schwellenländern zurück, in denen Löhne und Lohnnebenkosten stiegen und Gewerkschaften erstarkten. Sie wanderten in billigere Lohnregionen desselben Landes oder in Nachbarländer ab, um ihre Produktionskosten niedrig zu halten. Gleichzeitig boten sich bisher weltmarkt-periphere Länder für Investitionen an: zum einen hochverschuldete Länder wie Mosambik, die von der Weltbank und dem Internationalen Währungsfonds durch Strukturanpassungsprogramme zu mehr Exportorientierung gedrängt wurden, zum anderen frühere real-sozialistische Planwirtschaften von Vietnam bis Polen, die nach dem Kollaps ihrer Ökonomien und der marktwirtschaftlichen Wende händeringend nach Anschluss an den Weltmarkt suchten. Währungsabwertungen wie in Bulgarien 1997 machten einige Länder zusätzlich attraktiv für Investoren.

Dadurch verschärfte sich die Konkurrenz um Investoren und Produktionsaufträge und führte zu heftigeren Praktiken regionalen Unterbietens. China setzte mit den sog. Sonderwirtschaftszonen neue Niedrigstandards und Weltrekorde des Lohn- und Umweltdumpings. Der neueste Stützpunkt auf der Landkarte transnationaler arbeitsintensiver Produktion ist Nordkorea. Nach ILO-Angaben waren 1998 in etwa 850 Exportproduktionszonen 27 Millionen Menschen beschäftigt, 80-90% davon Frauen. Hinzu kommen geschätzte 1500 Sonderzonen in China (ILO 1998, vgl. zum Überblick Wick 1998).

Freihandelsabkommen kurbeln die Exportorientierung erneut an. So löste NAFTA, das Freihandelsabkommen zwischen Kanada, USA und Mexiko von 1994 in Mexiko einen neuen Boom der Zuliefer- und Exportindustrie aus, der nun die gesamte Wirtschaft des Landes durchdringt. Im Unterschied zu den Enklaven von Maquiladoras – Exportfabriken – in den 70er Jahren findet heute eine Maquiladorisierung der gesamten mexikanischen Ökonomie statt. Diese zweite Generation von Exportindustrien ist diversifizierter und technologisch stärker aufgerüstet, unter anderem mit einer Vielzahl von Zulieferbetrieben für die US-amerikanische Autoindustrie. Dabei zeigt sich – wie auch in Singapur, Taiwan, Malaysia und auf Mauritius –, dass ein stärkerer Technologieeinsatz Auswirkungen auf die geschlechtsspezifische Zusammensetzung der Belegschaft hat: Der Männeranteil wächst, aber gleichzeitig bieten sich auch zumindest für einige Frauen qualifiziertere Beschäftigungen (Joekes 1995, Arango 2002). Insgesamt stellt sich jedoch erneut eine geschlechtshierarchische Arbeitsteilung nach dem Muster her: Frauen löten Halbleiter und Festplatten, Männer montieren Fernseher.

Mit der beschleunigten Globalisierung und den zunehmenden Wahlmöglichkeiten für Niederlassungen und Auftragsvergabe veränderten die westlichen Konzerne ihre unternehmerischen Strategien. Sie verstärkten die transnationale Mobilität ihres Kapitals, fusionierten, dezentralisierten und gingen neue Verflechtungen ein. Viele reorganisierten ihr unternehmerisches Handlungsspektrum, indem sie sich auf die profitabelsten Kernaktivitäten konzentrierten. So wandelten sie sich von Hersteller- zu bloßen Handelsfirmen, vom dauerhaften Arbeitgeber zum immer flexibleren und willkürlichen Auftraggeber für Fabrikanten in den Ländern des Südens. Unternehmen aus früheren Billiglohnländern wie Südkorea und Taiwan treten nun in neuen Billiglohnländern wie Kambodscha und Guatemala als Investoren auf, um z.B. im Textilbereich die Quoten des Landes für den nordamerikanischen und europäischen Markt auszuschöpfen, und lassen dort Produktionsaufträge von Handelskonzernen aus Nordamerika und Europa ausführen. Die meisten Zulieferfirmen stellen Produkte für mehrere Auftraggeber her. So produzieren 600.000 Beschäftigte in 800 Fabriken in 51 Ländern Markenartikel für Nike. Dem Konzern gehört keine einzige dieser Fabriken.

Gleichzeitig mit den immer transnationaleren und komplexeren Fabrikationsketten machte die Internationalisierung der neuen Kommunikations- und Informationstechnologien auch Verlagerungen im Dienstleistungssektor möglich. Seit Mitte der 1980er Jahre waren zunächst Jamaika und andere Karibikinseln zu einer nachgeordneten Registrierkasse des US-amerikanischen Markts und von Behörden ausgebaut worden. Dort ließen Waren- und Versandhäuser, Banken und Versicherungen, Fluglinien, Archive und Gerichte ihre Leistungen buchhalterisch auf- und nacharbeiten (Pearson 1993). In den 1990er Jahren verlagerten zunehmend auch europäische und japanische Unternehmen, Stadtverwaltungen und wissenschaftliche Institutionen Teile ihrer Bürotätigkeiten und Administration in Freihandelszonen und Teleports nach Malaysia, China, Indien und die Philippinen (Ng & Munro-Kua 1994). Die Privatwirtschaft, aber auch staatliche Administrationen nutzten die Arbeitskräfte in Billiglohnländern immer häufiger für computergestützte Datenverarbeitung und telekommunikativen Service. In diesen arbeitsintensiven Bereichen waren die Niedrigstlöhne der – diesmal recht gut qualifizierten – Frauen wieder der Standortvorteil der Länder.

Hinzu kamen als neue transnational organisierte Arbeitsbereiche die Softwareentwicklung und andere hochqualifizierte Computertätigkeiten. In Indien, lateinamerikanischen und osteuropäischen Ländern hatten junge Frauen aus den Mittelschichten gute Qualifikationen in diesem Bereich, ja manchmal sogar einen Bildungsvorsprung Männern gegenüber erworben. Doch auch hier verläuft die neue internationale Arbeitsteilung wieder deutlich entlang geschlechterspezifischer Linien: 80% der hochqualifizierten Ingenieursarbeiten an Soft- und Hardware leisten Männer, 70% der arbeitsintensiven, niedrig qualifizierten und gering entlohnten Büro- und Teletätigkeiten leisten Frauen in Call-Centers und Cyberparks (für Indien: epw 2000: june 24-30). Das bedeutet, dass auch dieser transnationalisierte High-tech-Dienstleistungsbereich ein geschlechtsspezifisch kodiertes und hierarchisiertes Segment des Weltmarkts ist, in dem Frauen trotz ihrer guten Qualifikation keinen gleichberechtigten Einstieg und Aufstieg gefunden haben.

Die Exportarbeiterinnen als Ernährerfrauen

Nicht nur in den High-Tech-Segmenten des Welterwerbsmarktes hat sich der Typus der Exportarbeiterin im Laufe der Jahre verändert. Waren es in den südostasiatischen Schwellenländern in den 1970er Jahren nur junge Frauen vor der Heirat oder der ersten Schwangerschaft, die in der arbeitsintensiven Bekleidungs-, Elektronik- und Spielzeugfabrikation wie ein natürlicher Rohstoff verheizt wurden, so sind jetzt zunehmend auch verheiratete Frauen und Mütter dauerhaft als Lohnarbeiterinnen in einer Industriebranche tätig. Sie sind nicht mehr temporäre Zuverdiener-

Working Women Worldwide mit Sitz in Manchester unterstützt seit 1983 die Kämpfe von Exportarbeiterinnen in Billiglohnländern um Arbeitsrechte.
www.poptel.org.uk/women-ww

CAN, *Central American Network for Women in Solidarity with Women Workers* in the Maquilas, ist ein Zusammenschluss verschiedener Organisationen in vier mittelamerikanischen Ländern.
www.madre.org/adv_labor_rights.html

CAW, *Committee for Asian Women,* hat 28 Mitgliedsorganisationen in 13 asiatischen Ländern. Es vernetzte seit 1981 Arbeiterinnenorganisationen im formellen Bereich, besonders der Exportindustrie, neuerdings aber auch informell Arbeitende und Erwerbslose.
www.caw.jinbo.net

innen, sondern sichern mit ihrem Einkommen – zwar mit Unterbrechungen, aber doch auf Dauer – einen wesentlichen Teil der Existenz ihres Haushalts. Besonders in den *Maquiladoras* Zentralamerikas sind die Frauen aufgrund von Familien- und Haushaltsmodellen, die sich durch die überwiegende Abwesenheit der Partner und Kindsväter von der westlichen Kleinfamilie unterscheiden, häufig die Haupternährerinnen ihrer Familien.

Zwar wurde im letzten Jahrzehnt die Produktivität in den Exportfabriken erheblich gesteigert, die Löhne aber nicht. Immer noch machen die Lohnkosten der Konsumgüter in der Regel 1% des Ladenpreises aus, zum Beispiel 80 Cent von einem 80 Euro teuren Sportschuh. Selbst wenn die Löhne knapp über den gesetzlich festgelegten Mindestlöhnen liegen, reichen sie nicht aus, um die Lebenshaltungskosten eines Haushalts mit mehreren Kindern zu sichern. Für die wenigsten öffnet diese Erwerbsarbeit einen Weg aus der Armut oder ermöglicht gar sozialen Aufstieg.

Teilweise wurden die Arbeitsbedingungen in den Freihandelszonen verbessert, doch die Unfall- und Feuergefahr sowie die Gesundheitsrisiken am Arbeitsplatz sind immer noch groß, nationale Arbeitsrechte und Umweltgesetze werden häufig nicht beachtet. Außerdem sind die Arbeiterinnen Herrschaftspraktiken durch das Management und Vorarbeiter ausgesetzt, die ihre Würde und körperliche Integrität verletzen: Schwangerschaftstests und Verhütungszwang sind in Mittelamerika verbreitet, reglementierte Toilettenbenutzung, Lohnabzüge bei kleinen Fehlern, Zwang zur Verheimlichung von Unfällen und Krankheiten, alltägliche Schikanen.

Ein Strukturmerkmal dieser feminisierten Segmente des Weltmarkts ist sexualisierte Gewalt gegen Frauen: Sexuelle Belästigung und Erpressung nach dem Prinzip »füg dich oder ich feuer dich« ist in den Exportfabriken seit ihrem Bestehen ein Beschäftigungsmechanismus, dessen Abbau nur sehr langsam gelingt. Die ökonomisch schwache Verhandlungsposition von Frauen wie auch ihre rechtliche und organisatorische Ungeschütztheit erhöhen das Gewaltrisiko. Die wirtschaftliche Akteurin Frau ist niemals von ihrer Körperlichkeit getrennt. Seit 1993 sind in der mexikanischen Exportstadt Ciudad Juarez über 1.000 junge Frauen verschwunden, fast 300 davon wurden auf brutalste Weise ermordet aufgefunden. Die Täter strafen Frauen dafür ab, dass die herkömmliche Geschlechterordnung umgestülpt und ihr Machismo durch eine »gegenseitige Durchdringung von Arbeitsmarkt und Sexualmarkt innerhalb dieser Wirtschaftsordnung« (Biemann 1999) untergraben werden.

Während Exportarbeiterinnen in Thailand und Sri Lanka entlassen und Fabriken geschlossen werden, klagen die Arbeiterinnen in »billigeren« Ländern von Indonesien bis Honduras über Überstundenzwang, wenn die Firma unter Auftragsdruck steht. 14 Überstunden pro Woche erlaubt das indonesische Gesetz, 50 Überstunden sind keine Ausnahme in Fabriken, die z.B. Sportschuhe für adidas-Salomon herstellen. Dann schuften die Textilarbeiterinnen unter Hochdruck 13 Stunden an sieben Tagen in der Woche – und bekommen die Überstunden selten korrekt bezahlt. Gleichzeitig ist in den meisten Freihandelszonen Gewerkschaftsbildung, durch die die Frauen ihre Verhandlungsposition verbessern könnten, weiterhin verboten oder aber wird durch Einschüchterung behindert, indem mit Entlassung und schwarzen Listen gedroht wird, die die Wiedereinstellung bei einer anderen Firma verhindern (Musiolek 1997).

Was heißt denn hier Emanzipation?
Trotzdem ist Beschäftigung in der Exportproduktion aus der subjektiven Perspektive der meisten Lohnarbeiterinnen attraktiv, weil die gezahlten Löhne im Allgemeinen über denen des einheimischen Handwerks und des öffentlichen Dienstes liegen (Joekes

1995: 26f.) und ohnehin über den Verdiensten einer Hausangestellten oder Sexarbeiterin. So versuchen die Frauen ihre Beschäftigung als individuelle Armutsbekämpfungs- und Wohlstandsstra-
tegie zu nutzen. Trotz der geringen Löhne nehmen sie Ernährungsverantwortung für ihre Familie wahr, sei es dass sie die ländlichen Haushalte durch regelmäßige Überweisungen subventionieren oder ihre eigenen Haushalte in der Stadt ernähren.

Diese neue Frauenrolle durch Weltmarktarbeit – eine Feminisierung der Verantwortung für die familiale Existenzsicherung –
wurde zum Symbol für die »Enttraditionalisierung« der Geschlechterverhältnisse (Giddens) und für den Aufbruch junger Frauen
aus rigiden dörflichen Geschlechterordnungen. Die Frage, welchen emanzipatorischen Gehalt die Erwerbsarbeit für die Frauen
hat, fällt meist ambivalent und je nach der Herkunftsgeschichte,
dem sozialen und kulturellen Kontext und der Arbeitssituation
der einzelnen Frau sehr unterschiedlich aus. So mag eine junge
Frau aus Bangladesh, die früher in ihrer Selbst- und Fremdwahr-
nehmung vor allem eine Belastung für die Familie darstellte, das
selbstverdiente Geld als eine Aufwertung ihrer Person und einen
materiellen Gewinn werten, den sie in die Familie einbringen
kann. Weil sie nun eine Überlebensressource für ihre Familie ist,
kann sie ihre Verhandlungsposition innerhalb der bestehenden
Geschlechterordnung verbessern und gewinnt an Achtung. Doch
dieses »Empowerment« bleibt widersprüchlich, denn sie wird
gleichzeitig missachtet und verdächtigt, moralische Normen zu
verletzen, weil sie in der Stadt weniger unter herkömmlicher patriarchaler Kontrolle steht (Miller/Vivian 2002).

Ganz anders in Ciudad Juarez in Mexiko. Dort geht mit der
Proletarisierung der Frauen eine Sexualisierung bzw. Kommerzi-
alisierung von Sexualität einher: Weil die Löhne von der Welt-
marktarbeit nicht ausreichen, arbeiten einige junge Frauen am
Wochenende auch als Sexdienstleisterinnen. Gleichzeitig ist eine
Unterhaltungsindustrie aufgebaut worden, die auf die weibli-
che Bevölkerungsmehrheit in der Exportzone zielt: Diskos mit Go-
Go-Boys und männlichen Strippern (Biemann 1999).

Ein eigenes Einkommen bedeutet eine Portion ökonomischer
Selbständigkeit per Lohntüte. Doch nicht nur der Preis, den die
Frauen dafür unmittelbar in Form von Stress, Akkorddruck, über-
langen Arbeitszeiten, Gesundheits-, Unfall- und Gewaltrisiken

zahlen, ist hoch. Ob sie über das selbstverdiente Geld verfügen können, ist eine andere Frage. In Honduras oder El Salvador, wo der Anteil alleinerziehender Mütter mit wechselnden Partnern groß ist, kassieren die Liebhaber gern bei den Exportarbeiterinnen ab, weil es den Frauen offenbar nicht gelungen ist, die Machtstrukturen in den Geschlechterbeziehungen wesentlich zu ändern. Zur Fremdbestimmung bei der Arbeit kommt die Fremdbestimmung bei der Verfügung über das Einkommen. Die individuellen und gar emanzipatorischen Spielräume zwischen diesen Ausbeutungsstrukturen sind gering.

Ökonomische Sicherheit bieten die Weltmarktfabriken heute genau so wenig wie vor 20 Jahren. Frauen werden auf die Straße gesetzt, wenn sie als verbraucht und nicht mehr effizient nutzbar gelten – und das sind sie spätestens mit 35 Jahren, wenn die Auftragslage schlecht ist oder der Fabrikant oder die Auftraggeber in wieder einmal billigere Gefilde abwandern. Einstellung und Entlassung sind gänzlich von der Weltmarktkonkurrenz abhängig. Wenn 2005 das Textilabkommen und die Quotenregelungen auslaufen, die kleinen Ländern im Süden Zugang zu den großen Märkten sicherten, zählt vor allem Billigstproduktion. Deshalb kehren Hersteller und Händler schon jetzt Ländern wie Sri Lanka und Bangladesh den Rücken und besetzen Terrain in China. Auftragsvergabe findet per Internetauktion statt: Bei der Versteigerung des Auftrags unterbieten sich die Zulieferer aus verschiedenen Ländern im Internet, um einen Auftrag zu bekommen. In der Logik der Handelskonzerne senkt diese »Markttransparenz« den Beschaffungspreis und erhöht damit die Gewinnspanne. Die Konkurrenz in Echtzeit auf dem Bildschirm erhöht den Preisdruck auf die Fabrikanten. Und diese werden ihn in Echtzeit als Lohndruck an die Exportarbeiterinnen weitergeben. Die gesamte transnationale Produktion wird erneut kostenbereinigt umstrukturiert.

Globalisierung der Gegenwehr, Reregulierung und Unternehmensverantwortung

Aller Gefügigkeit und Unterdrückungsmechanismen zum Trotz entwickeln die Arbeiterinnen in den Fabriken selbst individuelle und kollektive Strategien der Gegenwehr, teils als Kämpfe für Organisationsfreiheit und die Zulassung von Gewerkschaften, oft

Die **Kampagne für Saubere Kleidung** ist der 1995 gegründete deutsche Teil der *Clean Clothes Campaign* (CCC). In letzterer arbeiten 250 unterschiedliche NROs und Gewerkschaften in zwölf europäischen Ländern mit Partnerorganisationen in den Herstellerländern von Textilien zusammen. CCC hat einen Verhaltenskodex für europäische Unternehmen, die im Süden oder Osten produzieren lassen, entwickelt, drängt Konzerne, diese zu unterzeichnen und zur unabhängigen Kontrolle. KonsumentInnen sollen zu »Politik mit dem Einkaufskorb« mobilisiert werden. Ziel ist die Verbesserung der Arbeitsbedingungen für die Exportarbeiterinnen und existenzsichernde Löhne *(living wage)*. Es soll verhindert werden, dass der Konzern die Aufträge für die lokalen Hersteller kündigt. Verhandelt wird an Runden Tischen mit den Unternehmen, Gewerkschaften und Regierungen. Nur eine Handvoll Unternehmen hat sich zu Pilotprojekten der Überprüfung sozial sauberer Produktion bereit erklärt. Der Druck auf KarstadtQuelle, C&A, adidas-Salomon, Puma und andere wird verstärkt.
www.saubere-kleidung.de
www.ci-romero.de/ccc
www.cleanclothes.org

aber in Form eigener Methoden des Widerstands, außerhalb der auf Lohnkämpfe fixierten, männerdominierten Gewerkschaften. Mit der Devise »Lohnarbeit, aber in Würde« knüpfen Arbeiterinnenorganisationen in Mittelamerika an frauenspezifische Rechte an, vor allem mit dem Widerstand gegen die Diskriminierung und Entlassung von Schwangeren, gegen sexuelle Übergriffe und den Überstundenzwang.

Freiwillige Verhaltenskodizes haben inzwischen alle großen Handels- und Herstellerfirmen unterzeichnet. Jeder sieht anders aus, und die meisten weisen funktionale Lücken auf: Vorzugsweise wurde das Recht auf Organisierung und kollektive Vertragsverhandlungen vergessen. Die Erfahrungen mit den inzwischen weltweit 250 Verhaltenskodizes von Firmen haben gezeigt: Kein Kodex setzt automatisch Kernarbeitsnormen durch, und ohne permanente Überwachung geht's nicht. Jedes Unternehmen hat eigene Methoden, seine Umsetzung zu überprüfen – manche firmenintern, manche beauftragen Prüffirmen, doch von unabhängigen Kommissionen lassen sich die Konzerne ungern in die Karten gucken. Zentrale Forderung von Gewerkschaften, Beschäftigten und verschiedensten NROs ist deshalb ein unabhängiges Monitoring unter Beteiligung zivilgesellschaftlicher Kräfte (Musiolek 1999). Außerdem zeigen alle Erfahrungen, dass freiwillige Selbstverpflichtungen nicht ausreichen, damit die Konzerne soziale Standards beachten. Dringend müssen verbindliche Regeln und Kontrollen von politischer Seite hinzukommen, und Regierungen müssen re-regulierend eingreifen. Deshalb streiten transnationale Netzwerke wie *Friends of the Earth/BUND* für eine völkerrechtlich verbindliche Konvention zur sozialen und ökologischen Verantwortung von transnationalen Konzernen, für deren Umsetzung dann die Regierungen, die sie unterzeichnen, zuständig wären.

Die meisten Konzerne sind stark daran interessiert, dass ihr mit Milliarden von Werbemitteln sorgsam aufpoliertes Image nicht beschmutzt wird. Genau an diesem Punkt haken Fair-Trade-Organisationen ein. Sie skandalisieren die Verletzung von Mindeststandards und Kernarbeitsnormen in der Beschaffungskette. Transnationale Kampagnen wie *No-Sweatshop* in Nord- und Mittelamerika sind ein Bündnis zwischen zivilgesellschaftlichen Organisationen in den Produktions- und den Konsumentenländern. Sie mobilisieren VerbraucherInnen, um Druck auf die Multis und Handelshäuser von Sportartikeln und Bekleidung zu machen und sie zur »unternehmerischen Sozialverantwortung« zu ziehen. Die Brücke, die sie zwischen Produzentinnen und VerbraucherInnen über Grenzen und Kontinente hinweg schlagen und die Menschenrechts-, gewerkschaftliche, kirchliche, Verbraucherschutz- und andere Organisationen verbindet, stellt einen neuen Typus eines pluralen globalen Akteurs dar. Gegen die profitorientierte Globalisierung von oben entsteht eine rechtsorientierte Globalisierung von unten.

3. Die flexible Menschin als Ich-AG

Die Vereinten Nationen bezeichnen Flexibilisierung und Informalisierung als die augenblicklich bedeutendste Veränderung in der Arbeitswelt (UN 1999). Dieser Umbau von Arbeitsmärkten und Beschäftigung vollzieht sich in großem Umfang vermittelt über die Feminisierung der Beschäftigung, sprich: die weltweit stärkere Beteiligung von Frauen an der Erwerbsarbeit. So wie die Weltmarktintegration der Billiglohnländer durch exportgerichtete Industrialisierung seit den 70er Jahren »frauenorientiert« war, so ist die derzeitige Herstellung von Wettbewerbsfähigkeit durch Informalisierung der Beschäftigungsverhältnisse frauenorientiert. Frauen sind zur Zeit die Pionierinnen in flexiblen und informellen Arbeits- und Beschäftigungsformen, weil sie mit ihren diskontinuierlichen Erwerbsbiographien infolge von Schwangerschaften, Geburten und Kindererziehung dem neuen flexiblen Anforderungsprofil des Arbeitsmarkts entsprechen. Sie ebnen sozusagen den Weg in die neuen Arbeitsverhältnisse.

Parallel zur Fusions- und Monopolisierungswelle, in der finanzgewaltige Mischkonzerne entstehen, werden Vollzeitarbeitsplätze abgebaut, Arbeitsschritte ausgelagert und Beschäftigung flexibilisiert bis zur Selbstbeschäftigung der Arbeitskräfte. Der Konzentration auf der Kapitalseite steht eine Dezentralisierung, Fragmentierung und Vereinzelung auf der Arbeitsseite gegenüber.

Deregulierung – das zunächst langsame Aufweichen und dann Kleinhacken von Normen, Versicherungsschutz und staatlichen Transferleistungen – ist der politische Werkzeugkasten dazu. Wie im Brennglas zeigt sich dieser Norm- und Sozialabbau an den gesellschaftlichen Auseinandersetzungen um den Kündigungsschutz in vielen EU-Ländern. Auf Initiative der ILO wurde der Kündigungsschutz von Frauen im Mutterschafts»urlaub« bereits revidiert (Internationale Frauenkonferenz 2002). So werden durch Deregulierung Arbeitsformen und Beschäftigungsverhältnisse vor allem für zweierlei zugerichtet: zum einen für die punkt- und zeitgenauere Verwertung von Arbeitskräften in wettbewerbs- und effizienzorientierten Unternehmensstrategien – *just-in-time*-Arbeit –, zum anderen zur Herstellung preisgünstiger Dienstleistungen für das reibungslose Funktionieren sozialer Reproduktion und für den Lifestyle der globalen Konsumklassen.

In den Ländern des Südens waren die Arbeitsformen, die die ILO 1972 »informeller Sektor« taufte, schon immer diejenigen, in denen die Mehrzahl der Erwerbstätigen außerhalb der Landwirtschaft ihr Brot, ihren Reis oder Mais verdienten. Dabei sind informelle Arbeitsformen in den meisten Staaten südlich der Sahara, in Lateinamerika und Süd- und Ostasien seit langem das Haupterwerbsterrain von Frauen, weil sie weniger formale Beschäftigung als Männer fanden.

Inzwischen hat die ökonomische Realität längst die Vorstellung überholt, dass informelles Wirtschaften ein vormodernes Relikt sei und formalisiert und wegrationalisiert würde. Im Gegenteil: Die Informalisierung von Arbeit boomt – im Süden wie im Norden und Osten. Seit Anfang der 1990er Jahre waren 84% der neugeschaffenen Jobs in Lateinamerika informelle Arbeitsplätze, in Afrika 93%, in den USA wuchs die Gesamtzahl der Beschäftigten zwischen 1985 und 1995 um 14%, die Zahl der informell Erwerbstätigen aber um 140% (UN 1999: 26). In Deutschland stieg die Zahl derjenigen, die nur geringfügig beschäftigt sind, zwischen 1992 und 1997 um 41% auf geschätzte 6 Millionen, während im selben Zeitraum hunderttausende Vollzeitjobs vom Markt verschwanden (Klammer/Ochs 1998: 21ff.).

Die Erfolgsmeldungen von der »Feminisierung der Beschäftigung« sind unauflösbar verschränkt mit der Flexibilisierung von Arbeit. Denn die Beschäftigungsgewinne von Frauen bestehen vor allem in Teilzeit- und Gelegenheitsjobs, in Heim- und scheinselbständiger Arbeit, in informeller, flexibler und prekärer Beschäftigung, und – selbst ist die Frau – in der Ich-AG, die sich ihren eigenen Arbeitsplatz schafft.

In Deutschland weist die Hartz-Kommission die Richtung: Eine »neue Ordnung auf dem Arbeitsmarkt« soll den Standort D konkurrenzfähig und fit für den Weltmarkt machen. Das Hartz-Konzept markiert eine Umkehrung der Normalität: Die informellen »atypischen« Beschäftigungsformen werden nun typisch für die liberalisierten Arbeitsmärkte. Die flexiblen, »feminisierten« Arbeitsweisen werden verallgemeinert. Flexibilität, der Abbau von festen Normen und Sicherheiten, Regeln und Rechten ist die neue neoliberale Norm. Soziale Sicherung wird abgebaut, die Lohnkosten gesenkt, geringfügige Beschäftigung wird bevorzugt, Vollzeitarbeit in Teilzeit- und Mini-Jobs umgewandelt, die Ich-AG ist der neugeschaffene Deus-ex-machina.

Dadurch verkehrt sich das Ansehen von informellen Wirtschaftsstrukturen geradewegs in sein Gegenteil: Was vor 30 Jahren als ökonomisches Aschenputtel und Notlösung galt, wird heute als Dynamo des Wirtschaftswachstums und entwicklungspolitischer Hoffnungsträger mit großem Beschäftigungseffekt gefeiert.

Informalisierung von oben und unten

Informelle Wirtschaftsstrukturen sind eher durch Intensität von Arbeit und sozialen Beziehungen als durch Kapital- und Technologieintensität gekennzeichnet (Altvater/Mahnkopf 2002: 84ff., iz3w: 2003). Das hat zur Folge, dass sie leicht zugänglich sind, sowohl für die Kleinbäuerin, die von der geernteten Hirse Bier braut, wie für den arbeitslos gewordenen Minenarbeiter, der zum Gelegenheits-Nachtwächter wird, für die schlecht bezahlte Lehrerin, die am Spätnachmittag eine zweite Schicht als Straßenverkäuferin einlegt, wie für den weißrussischen Musikprofessor, der drei Monate im Jahr in den Fußgängerzonen deutscher Städte aufspielt, für die polnische Ernte»helferin« auf holländischen Erdbeerfeldern, die indische Heimarbeiterin, die Decken für den Weltmarkt bestickt, die kenianische Studentin, die Alt-Jeans aus Europa als ambulante Händlerin an den Haustüren anbietet, die Kinder, die Autoscheiben putzen oder Müll sammeln.

Informelle Ökonomien sind einerseits eng verflochten mit Subsistenztätigkeiten und reproduktiver Arbeit, andererseits fest verschränkt mit formalisierten Wirtschaftsbeziehungen. Außerdem bestehen oft fließende Übergänge zu semi-legalen oder illegalen Ökonomien. Deswegen stellen informelle Wirtschaftsstrukturen nicht trennscharf einen eigenen Sektor dar, sondern folgen einer eigenen Rationalität ökonomischen Handelns. Informelles Wirtschaften ist Füllmasse und Versorgungsleitung zwischen allen Wirtschaftssektoren, aber auch zwischen den lokalen und transnationalen Strukturen.

Dass die einen informelle Ökonomien als Lumpensammlung des Elends und der Rechtlosigkeit darstellen, die anderen sie als kreative, solidarische Überlebenskunst mit beachtlichem Aufstiegs- oder gar emanzipativen Potenzial romantisieren, verweist

WIEGO – *Women in Informal Employment Globalizing and Organizing* – wurde 1997 als Bündnis von Institutionen und Individuen gegründet, von gewerkschaftlichen Basisorganisationen informell Arbeitender wie SEWA in Indien und SEWU in Südafrika sowie Forscherinnen von der Harvard Universität. Ziel ist die Verbesserung der Situation von Frauen im informellen Sektor z.B. durch ILO-Konventionen. **www.wiego.org**

auf ihre zahlreichen Widersprüche. Zweifellos sind sie ein Auffangbecken für die Marginalisierten und ein Sammelbecken für miese Jobs. Trotzdem sind sie nicht schlichtweg eine »Ökonomie der Armut«, die alle Beteiligten gleichermaßen im Elend fesselt. Vielmehr bringt sie vielen Haushalten, die ihr Einkommen patchworkartig aus verschiedensten informellen Tätigkeiten zusammensetzen, ein mageres Auskommen jenseits der Armutsgrenze und einigen auch Wohlstand. Zwar besteht ein erhebliches Verdienstgefälle zwischen Männern und Frauen, aber es ist auch eine Generation von transnational und höchst rentabel wirtschaftenden Kleinhändlerinnen entstanden und gleichzeitig eine neue Klasse glücklos ihren Service für die High-Tech-Märkte anbietender Männer, die die New Economy über Bord geworfen hat.

Zwar sind auch informelle Arbeitsmärkte geschlechtsspezifisch geteilt, aber es zeichnen sich Verschiebungen und Aufweichungen ab. Auch wenn z.B. bei der Gebäudereinigung noch die Stereotypen überwiegen: Männer draußen als Fensterputzer etc., Frauen drinnen, Männer mit Kehrwagen, Frauen mit Handfeger und Besen, so finden sich doch zunehmend auch Männer in Putzkolonnen, die alles sauber machen müssen, weil weniger Jobs für sie als Tagelöhner im Baugewerbe, Transportwesen und der Lagerhaltung angeboten werden.

Der Globalisierungsdruck erzeugt Flexibilität und informalisiert Märkte und Ökonomien, und gleichzeitig vollziehen die informellen Wirtschaftspraxen die neoliberale Globalisierung. Dabei findet die Informalisierung von Wirtschaftsstrukturen sozusagen von oben und von unten statt: auf der einen Seite als unternehmerische Strategie der Kostensenkung und Wettbewerbsfähigkeit, flankiert durch die politische Strategie der Deregulierung, und auf der anderen Seite als individuelle und kollektive Überlebensstrategie, durch die ein wachsendes Arbeitskräftepotenzial sich selbst in die Märkte integriert.

Diese Dynamiken sollen im Folgenden an vier globalisierungstypischen Marktsegmenten und Prozessen der Informalisierung, die von Frauen dominiert werden, sowohl aus dem globalen Süden als auch aus der OECD-Welt, illustriert werden.

Kofferökonomien und informelle Märkte

Informeller Handel und informelle Märkte sind integrale Bestandteile des Welthandels. In dem Maße, wie Grenzen durchlässiger und Transport billiger geworden sind, haben Frauen den transnationalen Kleinhandel als ein feminisiertes Gewerbe ausgebaut. Ob regional zwischen Kenia, Uganda und Kongo, zwischen Mosambik, Simbabwe und Südafrika, entlang der westafrikanischen Küste oder transkontinental zwischen Ostafrika und den Golfstaaten – mit ihren Grenzökonomien integrieren Frauen höchstpersönlich die Märkte. Offenbar beherrschen sie die informellen Regeln des Handelns und der Grenzüberschreitung besser als Männer. Dazu gehört auch, dass sich im Windschatten des Güterhandels eine Gelegenheitsprostitution entwickelt, sei es zur Bestechung von Zöllnern und anderen Bürokraten oder zur Beschaffung von Startkapital. Die Frauen kaufen von Lebensmitteln über Elektrogeräte bis zum Goldschmuck alles, was von ihrer einheimischen Kundschaft an Konsumgütern nachgefragt wird und sich in große Taschen und Koffer packen und als »persönliches Handgepäck« deklarieren lässt. Viele Güterströme fließen aber auch gänzlich vorbei an Zoll und Steuern über grüne Grenzen.

Chelnoki, Pendlerinnen, nennt man in Russland die häufig hochqualifizierten Frauen, die ihre Jobs in Staatsbetrieben verloren haben und in den 1990er Jahren eine Pendelwirtschaft zwischen den Exportmärkten in Billiglohnländern und nach westlichen Konsumgütern gierenden informellen Märkten Osteuropas entwickelten. Für sie sind »Russenmärkte« von Phnom Penh über New Delhi bis Istanbul entstanden. Und in den Hinterhöfen und Kellern hinter diesen Bazaren arbeitet eine feingliedrige, ausdifferenzierte Zulieferindustrie in Familienbetrieben, *Sweatshops* und Heimarbeit rund um die Uhr, um die fluktuierende Nachfrage und die Aufträge der Händlerinnen im Bekleidungs- und Modesektor über Nacht auszuführen. Diese Zulieferindustrie basiert wiederum auf schlecht bezahlter Stücklohnarbeit, in Istanbul überwiegend von MigrantInnen. Dabei legten die *Chelnoki* an

Streetnet ist ein internationales Netzwerk von HändlerInnen, AktivistInnen, JuristInnen und AkademikerInnen. Es bemüht sich, die 1995 formulierte Internationale Erklärung von Bellagio in nationale Politiken umzusetzen und Straßenhändlerinnen zu Rechten und Schutz zu verhelfen.
www.streetnet.org.za

Professionalität und an Profitabilität zu, und die Netzwerkstrukturen des Produzierens, Schleppens und Handels um sie herum organisierten sich immer effizienter. Zwei Drittel des russisch-türkischen Handelsvolumens wurden jährlich durch Kofferhandel erwirtschaftet (Karamustafa 2002).

Diese Russenmärkte mit ihrer Einbettung in komplexe Netzwerkstrukturen sind ein Beispiel für »transnationale Marktplätze« auf der Landkarte der Globalisierung. Als solche sind sie aber auch Seismographen für die Be- und Entschleunigung der globalen Waren- und Geldzirkulation. Innerhalb weniger Jahre aufgeblüht, versetzten ihnen die Russland- und die Türkeikrise schwere Schläge, verringerten die Absatzchancen und zeigten die extreme Prekarität des informellen Handels.

Unsicherheit und Ungeschütztheit als Strukturmerkmale von Informalität treten auch immer wieder in den Auseinandersetzungen um die Nutzung von öffentlichem Raum für den informellen Handel zutage. In vielen Städten des Südens hatten sich KleinhändlerInnen in den 1980er Jahren oft nach jahrelangen Verhandlungen mit Stadtverwaltungen eigene ökonomische Räume in der Öffentlichkeit erkämpft, an Straßenecken, auf Bürgersteigen und Plätzen, als preisgünstige informelle AnbieterInnen neben den einheimischen Einzelhändlern. Ihr Angebot reicht vom Selbstgebrutzelten und den Gemüsen vom eigenen kleinen Feld über Gebrauchsgüter aus lokaler Fabrikation bis zu Importwaren und gewährt ihnen die Teilhabe an der globalisierten Warenwelt auf niedrigem Niveau.

Konjunkturschwächen und Krisen verschärfen in den großen Städten jedoch die Konkurrenz zwischen den Straßenhändlerinnen, den etablierten lokalen Geschäftsleuten und den neuen Supermarktketten ausländischer Konzerne und edlen Shopping Malls. In jüngster Zeit vertrieben Stadtverwaltungen und Ordnungshüter von Mombasa bis Manila KleinhändlerInnen mit ihren Körben von den Bürgersteigen oder rissen ihre Kioske am Straßenrand nieder. Die Großhändler wollen die geschäftsschädigende Konkurrenz der Kleinkrämerinnen beseitigt haben. Solche Säuberungsaktionen ziehen den informellen Händlerinnen die ökonomische Grundlage sprichwörtlich unter den Füßen weg. Sie fördern überdies die Ausbreitung von Gewaltstrukturen innerhalb der informellen Ökonomie, denn mafiöse Kräfte versprechen Schutz gegen Zahlung. Die erneute Marginalisierung der KleinhändlerInnen zeigt aber auch die Umstrukturierung der Städte und öffentlichen Räume in Anpassung an globalisierte Handelsstrukturen und marktmächtige ökonomische Akteure.

Ausgelagert aus Arbeitsrechten und Sicherheiten
Ihre Wettbewerbsfähigkeit auf den globalisierten Märkten versuchen Unternehmen durch Konzentration auf Kernkompetenzen zu sichern. Kostenreduktion und Rationalisierung bedeuten, dass alles jenseits dieser Kerne ausgelagert und als Unteraufträge an Billiganbieter vergeben wird. Ob nun ein Großbetrieb einen Reinigungskonzern mit dem Putzen von Büros oder Fabriken beauftragt, ein Lebensmittelkonzern Gemüse und Früchte von afrikanischen Kleinbäuerinnen auf ihren Feldern anbauen lässt oder ein Autohersteller die Fahrzeugsitze, die Stoff-, Plastik- oder Lederüberzüge jeweils bei anderen Zulieferfirmen in verschiedenen Ländern in Auftrag gibt, die Unteraufträge an kleine Werkstätten weitergeben – es entsteht ein hierarchisches Netzwerk von Produktions-, Handels- oder Dienstleistungsketten, in dem informelle und formelle Arbeitsformen und Beschäftigungsverhältnisse ineinander greifen und immer filigranere Wertschöpfungs- und Verwertungszusammenhänge vermitteln.

Auch im Unterbietungswettbewerb der arbeitsintensiven feminisierten Exportproduktion wird Dezentralisierung als Methode zur Produktionskostensenkung benutzt. Die großen Konzerne und Handelshäuser mit Hauptsitz in den Industrienationen werden zu »hohlen Unternehmen«, die lediglich Produkte designen, Produktionsaufträge vergeben, die Waren bewerben und vermarkten, verzweigte Beschaffungsimperien und Handelsketten managen. Die Produktion entwickelt sich zunehmend zur vielgliedrigen Unterauftrags- und Zulieferfabrikation (Rowbotham & Mitter 1994: 18; Südwind 1997: 41ff.). Dank der beschleunig-

> **Homenet** wurde 1994 als internationales Netzwerk von Basisorganisationen von Heimarbeiterinnen gegründet. Es beeinflusste die Formulierung einer Konvention zu Heimarbeit, die seit 1996 jedoch erst von zwei Ländern ratifiziert wurde. Ziele des Netzwerks sind, Heimarbeiterinnen sichtbar zu machen, ihre wirtschaftliche Leistung anzuerkennen und Arbeitsrechte für sie umzusetzen.
> **www.homenetwworg.uk**

ten Kommunikations- und Transportwege wird das transnationale Fließband immer feingliedriger und länger. Es reicht von den globalen Städten bis in die Dörfer und Hütten des globalen Südens. Und überall entlang dieser arbeitsintensiven Wertschöpfungsketten sitzen Frauen an einer nach unten gehenden Stufenleiter von Löhnen, Rechten und Sicherheiten. Am unteren Ende dieser Stufenleiter entstehen in wachsender Zahl quasi rechtsfreie Räume in Klitschen, Kellern und Küchen, eine Hinterhof- und *Sweatshop*-Ökonomie jenseits von Tarifen und Mindestlöhnen, von Sozialversicherung, Umweltschutz und Gewerkschaften.

Billige weibliche Arbeitskräfte, keine Arbeitsverträge, kleine Fabrikationseinheiten, unter Auftragsdruck endlose Überstunden und keine existenzsichernden Löhne – das waren auch zentrale Einstiegsvehikel osteuropäischer Volkswirtschaften in den kapitalistischen Weltmarkt, ob nun griechische Hersteller Garagennähstuben jenseits der bulgarischen Grenze nutzten oder *Chaebols*, süd-koreanische Konzerne, kleine Werkstätten in Vladivostok (Musiolek 1999). Viele Männer sind derweil arbeitslos.

Lokale Handwerksbetriebe, die bisher Produkte für den Binnenmarkt hergestellt und geflickt hatten, werden durch die billige Exportware auskonkurriert. Ihnen bleibt keine Wahl, als sich als Zulieferbetrieb zu den Auftragskonditionen der größeren Unternehmen anzubieten.

Die transnationale Dezentralisierung ist jedoch am klarsten personifiziert in der Gestalt der Heimarbeiterin. Vereinzelt im dörflichen Privathaushalt, unentgeltlich unterstützt durch ihre Kinder, stellt sie die billige Massenware für den Weltmarkt her. Je dezentraler und haushaltsnäher gearbeitet wird, desto niedriger die Löhne, desto unkontrollierbarer die Arbeitsbedingungen, desto weniger gewerkschaftliche Organisierung, desto mehr Einsatz von Kinderarbeit (Wichterich 1998).

Die internationale Konkurrenz der Billiganbieter erlaubt es den Konzernen, einen immensen Preisdruck auszuüben. Ein philippinischer Hersteller kann 50.000 Trägerhemdchen für Hennes & Mauritz oder Triumph nur zu dem Preis liefern, den chinesische Betriebe anbieten, wenn er sie in billigen Klitschen oder Heimarbeit fertigen lässt, wo Frauen unter Hochdruck Stücklohnarbeit leisten. Sie sind abrufbereit, wenn ein Auftrag reinkommt, um dann rund um die Uhr zu schuften. Diese Auftragsproduktion auf Grundlage flexibler Spezialisierung ist prototypisch dafür, wie sich ökonomische Macht einerseits und ökonomische Risiken andererseits auseinanderentwickeln.

Der Preisdruck auf den Fabrikanten wird an die einzelne Näherin durch Subunternehmer und Mittelsmänner als Lohn- und Zeitdruck weitergegeben. Ihre Absatzunsicherheit verlagern die Handelshäuser als Auftragsunsicherheit an die Hersteller, und diese geben sie an die Lohnarbeiterinnen als Beschäftigungsunsicherheit weiter. Je weiter unten die Produzentinnen auf der Stufenleiter der Informalität arbeiten, desto größer ihr Risiko und desto geringer ihre Verhandlungsmacht – solange sie nicht neue Organisationsansätze entwickeln.

Krise als neoliberales Umbauprojekt

Krisen fungieren wie eine Umwälzpumpe für die Arbeitsmärkte. Durch die Asienkrise und die massiven Einbrüche im formalen Sektor verloren Millionen Bauarbeiter und Exportarbeiterinnen, Bankangestellte und Staatsbedienstete ihren Job. Vollbeschäftigung nahm ab, informelle Beschäftigung wuchs. Prozesse, die bereits durch die Automatisierung vor dem Crash begonnen hatten, wurden enorm beschleunigt. In diese Umstrukturierung sind Frauen und Männer sehr unterschiedlich verwickelt.

Beispiel Südkorea: Acht von zehn Beschäftigten, die zu Beginn der Krise zur »freiwilligen« Kündigung aufgefordert wurden, waren Frauen. Fabriken, Banken und andere Unternehmen folgten einer klaren Rangordnung bei den Entlassungen: zuerst verheiratete Frauen mit Kindern, dann verheiratete Frauen ohne Kinder, danach ledige Frauen und erst zum Schluss Männer. Weil mit Rückgriff auf den Mythos des Familienernährers zunächst verheiratete Frauen nach Hause geschickt wurden, entstand eine neue Spezies von Arbeiterinnen, die sogenannten »IMF-Jungfrau-

Krisenbewältigung

Die südkoreanische Regierung bot nur Männern Arbeitsbeschaffungsmaßnahmen an. Verheiratete Frauen wurden nicht in die Erwerbslosenstatistik aufgenommen. Entsprechend groß war das Interesse an Fortbildungskursen, die der Verband der Arbeiterinnen-Vereinigungen KWWAU anbot, vom Computer-Training bis zu hausarbeitsnahen Kursen wie Blumenstecken und Kochen. Auch Nähkurse waren stark besucht – erstaunlicherweise von Frauen, die zehn oder 15 Jahre lang in der Bekleidungsindustrie für den Export gearbeitet hatten. Dort waren sie jedoch tagaus, tagein damit beschäftigt, Millionen Nähte von Röcken und Hemden zu schließen. Nun wollten sie endlich lernen, wie sie ein ganzes Kleid oder eine Hose schneidern können, um selbständig als Schneiderin arbeiten zu können.

Verschiedene Frauenorganisationen in Südkorea bauten ein Unterstützungsnetzwerk für Frauen als Reaktion auf die Krise auf. Es drängte die Regierung, ihre Fixierung auf das konfuzianisch-patriarchale Familienmodell aufzugeben und gegen die systematische Benachteiligung von Arbeiterinnen in der Privatwirtschaft einzuschreiten. Gleichzeitig half es Frauen, von einer »*I'm fired*«-Haltung (»Ich bin gefeuert worden«) zu einer »*I'm fighting*«-Haltung (»Ich kämpfe«) zu gelangen.

en« – junge Frauen, die sich als ledig ausgaben oder ihre Hochzeit aufschoben, um ihren Job zu behalten. Nachdem Frauen in den 1970er und 80er Jahren, als sie den Wirtschaftsboom des Landes erarbeiteten, als »Heldinnen der Nation« und »Soldatinnen des Exports« gefeiert wurden, schürten Medienkampagnen nun in der Öffentlichkeit erneut die Meinung, dass Frauen, vor allem verheiratete, lediglich »Zuverdienerin« und temporäre Arbeitsmarktreserve sind. Das alte Muster »zuletzt geheuert, zuerst gefeuert« blieb intakt, unterfüttert durch wiederbelebte Zurück-an-den-Herd-Parolen.

So waren es vor allem Frauen, auf deren Rücken die Krise ausgetragen und als Sanierungsprogramm durchgeführt wurde: Frauen, die um ihren Lohn oder ihre Abfindung geprellt wurden, die zur »freiwilligen Frühpensionierung« gedrängt wurden, Alleinerziehende, die nicht mehr wussten, wie sie ihre Kinder satt kriegen konnten. Ein Fünftel der erwerbslosen Frauen waren »Haushaltsvorstände« und Alleinverdienende.

Auf Drängen des IMF änderte die südkoreanische Regierung das Arbeitsgesetz, das die täglichen Überstundenzahl begrenzt hatte, und erlaubte Flexibilisierung rundum. Einige der Firmen und Betriebe boten den Frauen bei der Kündigung gleich einen Job als Teilzeit- oder Gelegenheitsarbeiterin an – mit erheblichen

Abstrichen: Der Stundenlohn liegt ca. 30% niedriger als der alte Tariflohn, es gibt keinen bezahlten Urlaub, selten Kranken-, Unfall- oder Rentenversicherung. Im gesamten Dienstleistungsbereich breiteten sich informelle Beschäftigungsverhältnisse aus. Im Finanz- und Versicherungssektor wurde Vollbeschäftigung systematisch in Teilzeitarbeit umgewandelt. Fast alle Teilzeitarbeitenden in Banken sind Frauen. Sie arbeiten fast genau so viele Stunden wie ihre vollbeschäftigten männlichen Kollegen – nur geringer entlohnt und sozial ungesichert. Die Informalisierung erfasst inzwischen auch akademische Berufe, z.B. das Lehrpersonal an Universitäten, das nach Stundenlohn bezahlt wird und keine Ansprüche auf bezahlten Urlaub oder Abfindungen hat. 70% aller erwerbstätigen Frauen sind informell und Teilzeit beschäftigt, die meisten in Kleinbetrieben mit weniger als fünf Angestellten.

Die Verdrängung von Frauen in die informelle Ökonomie hinein spiegelt auch, wie unterschiedlich Männer und Frauen den Erwerbslosenschock verarbeiten. Frauen versuchen sehr schnell, irgendeine andere Verdienstmöglichkeit aufzutun und sind bereit, jede sich bietende informelle Einkommensmöglichkeit wahrzunehmen, auch wenn sie mit einer Dequalifizierung, einem Einkommens- und Prestigeverlust einhergeht. Männer reagieren dagegen tief gekränkt auf ihre Entlassung und ihre Identität, die auf dem Selbstverständnis als »Firmen-Mensch« beruhte, kollabiert. Viele werden depressiv, trinken noch mehr als schon im normalen Firmenleben und schlagen zu Hause häufiger zu. *Korean Women's Hotline,* die größte Hilfsorganisation für Frauen, die Opfer von Gewalt werden, verbuchte einen deutlichen Anstieg von ernsten Ehekrisen, von Gewalt gegen Frauen und Kinder und von Scheidungen. Gleichzeitig lief in den Medien eine Kampagne, um Frauen zu mobilisieren, ihre psychisch destabilisierten Männer wieder »aufzumuntern«.

Anderthalb Jahre nach der Asienkrise im November 1997 meldeten Ökonomen für Südkorea einen 12%igen Aufschwung. Nach Lesart von Ökonomen sollte die Wirtschaft dem IMF danken. Trotz der Erfolgsstatistiken schuf die Krise neue soziale Ungleichheiten. Sie wirkte wie eine Flurbereinigung mit dem Resultat: mehr billige und ungeschützte Beschäftigungsverhältnisse. Deutlicher bestimmen nun neoliberale Normen den Markt. Wer einen Job will, muss qualifiziert, jung, fit und überstundenwillig sein. Die kosmetische Chirurgie boomt, weil Frauen mit 30 sich mit dem Skalpell verschönern lassen, um ihre Arbeitsmarktchancen zu verbessern. Dagegen ist gerade für ältere Frauen die soziale Krise zum Dauerzustand geworden.

Alter Wein in neoliberalen Schläuchen

Auch in den Industrienationen sind *Sweatshop-,* Verlags- und Heimarbeit keine aussterbende, sondern eine aufstrebende Gattung von Lohnarbeit. Was auf den ersten Blick wie die Rückkehr frühkapitalistischer Arbeitsformen aussieht, steht im Kontext neoliberaler Strategien flexibler Spezialisierung nach dem Benneton-Modell in der Emilia Romagna oder dem *Just-in-time-Modell* Toyotas in Japan (Hosmer & Mitter 1994: 4f.; Rowbotham & Mitter 1994: 16ff.). Ihren Aufschwung nehmen informelle und flexible Beschäftigungsformen gerade beim Übergang von den Industrie- zu den Dienstleistungs- und Wissensgesellschaften.

Jedes Konjunkturtief wirkt wie ein Motor für die De-Formalisierung. Auf Entlassungen folgt ein Umbau der Beschäftigungsformen – Flexibilisierung und Informalisierung von Arbeit. Die größte deregulierende Wirkkraft geht von dem Damoklesschwert der Erwerbslosigkeit aus. Die Zerstückelung von Beschäftigung erscheint als Heilmittel gegen strukturelle Arbeitslosigkeit. Flexible Arbeitsverträge und Niedriglohnsektoren werden gesetzlich abgesegnet. Scheinselbständigkeit, Tele-Heimarbeit und leistungsabhängig vergütete Arbeit brechen das Tarifgerüst, soziale Sicherung und Rechtsschutz auf und unterlaufen sie. Die von den Unternehmen geforderte »Flexibilisierungsreserve« schließt zunehmend auch Hochqualifizierte ein, was sich in der wachsenden Zahl von Projekt-, Kurzzeit- und Honorarverträgen im akademischen Bereich und in der New Economy, vor allem in der Informationstechnologie zeigt. Ebenfalls gehört zu den informalisierten Zuarbeiterinnen der Märkte eine wachsende Zahl von FreiberuflerInnen, Selbstbeschäftigten und Ein-Frau/Mann-Unternehmen, die sich mit Hilfe einer Mikro-Finanzierung in die »Selbständigkeit« wagen. Frauen mit ihrem flexiblen und Zuverdien-Profil sind für diese Strategien zur Zeit die Hauptadressatinnen. Sie sind der Prototyp der Zu- und Abrufarbeiterin, von der 325-Euro-Kassiererin bis zur Aushilfskellnerin, von der Lehrbeauftragten an der Universität bis zur Bibliothekarin als Stundenaushilfe.

Das Erwerbsarbeitsvolumen nimmt ab, weil infolge der Produktivitätssteigerungen vor allem durch die Mikro-Elektronik immer weniger Menschen nötig sind, um immer mehr Waren zu produzieren sowie Dienstleistungen zu erbringen. Informalisierung und Flexibilisierung ermöglichen, so das »Familien-und-Gedöns-Ministerium« (O-Ton Bundeskanzler Schröder), dass »mehr Frauen sich eine geringer gewordene Anzahl von Arbeitsstunden teilen.« (BMFSFJ 2002: 35) In den Niederlanden, in Großbritannien und teilweise auch in den USA ist dieses neue Aufteilen des Gesamtarbeitsvolumens die Ursache für das sog. Jobwunder. Allerdings geht in der Regel die Fragmentierung sozial abgesicherter und existenzsichernder Arbeitsplätze in Abruf-, Leih- und Minijobs mit einer monetären und sozialen Abwertung einher. Dass durch Teilzeit- und Minijobs zwar mehr Frauen ein Einkommen erwirtschaften, davon aber kein Auskommen haben, ist die Kehrseite dieser wundersamen Jobvermehrung. Die neue soziale Klasse der *Working Poor* wächst in den westlichen Wohlstandsnationen und die Mehrzahl der auf dem Armutsniveau Entlohnten sind Frauen (für die USA: Kim 1999: 100ff.; vgl. für Großbritannien: Dingeldey 1999).

In Deutschland bekamen Frauen in den vergangenen beiden Jahrzehnten zwei von drei der über zwei Millionen »neuen« Jobs. Sie stellen 70% der Neu-Beschäftigten in Call Centern und 90% im freiberuflichen Gesundheitswesen (FR, 3.4.1999). Das fusions- und automatisierungsbedingte Abschmelzen der festangestellten Belegschaften von Banken, Versicherungen und Verwaltungen sowie im modernen Informations-, Kommunikations- und Technologiesektor führt ebenfalls zu einer Zunahme von Teilzeitarbeit. Durch die Ausdehnung der Ladenöffnungszeiten werden neue Minijobs für Frauen entstehen. 89% der Teilzeitarbeitenden in Deutschland sind Frauen, in der EU sind es 81,5%. In Holland, dem angeblichen Teilzeitwunderland, sind 66% der beschäftigten Frauen Teilzeitarbeitende, aber nur 16% der beschäftigten Männer (Europäische Kommission 1998), in Westdeutschland 48% der Frauen und 5% der Männer.

Informelle Jobs wie Teletätigkeiten als Heimarbeit oder in Call Centern werden in Europa als familienfreundliche Chance für Frauen gepriesen, das Vereinbarkeitsproblem individuell zu lösen. Tatsächlich wünschen sich viele Frauen, die nach Geburt und

Babypause in den Erwerbsmarkt wiedereinsteigen, flexible Arbeit, um Zeitsouveränität zu gewinnen. Flexibilisierung von Arbeit ist sicherlich zu begrüßen, wenn sie sich an den Bedürfnissen und Fähigkeiten der Frauen ausrichtet. Doch derzeit gehen Flexibilisierung, Informalisierung und Deregulierung – wie der Ausstieg aus dem gesetzlichen Kündigungsschutz und aus Flächentarifverträgen – Hand in Hand. Computer und Telefon zwischen Kochtopf und Kinderbett sind Bausteine in den Auslagerungs- und Sparstrategien der Unternehmen. Neue Mini-Jobs durch längere Ladenöffnungszeiten sind Elemente in ihren Verwertungs- und Konkurrenzabläufen.

Das führt zu der Paradoxie, dass gerade der neoliberale Zuschnitt von Arbeit, nämlich informelle und flexible Beschäftigung, dem Interesse vieler Mütter an einer Kombination von Reproduktions- und Erwerbsarbeit entgegenkommt. Und dass die Frauen in diesen Jobs die Unternehmen von Kosten entlasten, ihre Wettbewerbsfähigkeit verbessern und gleichzeitig mehr Risiken auf die eigenen Schultern nehmen. Denn auch wenn ein wachsender Anteil von Teilzeitarbeit in Deutschland inzwischen sozialversichert und geschützt ist, so schaffen diese Jobs weder Existenzsicherheit noch Zeitsouveränität im Sinne einer Optionalisierung, die sich an den Interessen der Frauen orientiert (Raasch 1998: 38ff.). Berufliche Weiterbildung und Aufstiegsmöglichkeiten gibt es selten. Geringes Einkommen und keine oder minimale Sozialversicherung übersetzen sich lebensgeschichtlich für diese Frauen in niedrige Renten oder sogar Altersarmut.

Derzeit stellen die neuen informellen und flexibilisierten, niedrig dotierten und rechtlich ungesicherten Tätigkeiten ein geschlechtsspezifisch organisiertes und frauendominiertes Terrain in der globalisierten Flexi-Ökonomie dar. Erwerbsbiographische Abbrüche und Umbrüche, die für Frauen schon immer die Regel, für Männer aber die Ausnahme waren, werden jetzt zum gesellschaftlichen Normalfall. Die »Flexploitation« (Bourdieu) ist einerseits individuelle Überlebens- oder Vereinbarkeitsstrategie und Teil der Netzwerkökonomie von Haushalten, andererseits Strukturzwang eines schrumpfenden Arbeitsvolumens und unternehmerischer Verwertungsoptimierung. Frauen gehen als erste den Weg in die post-fordistische Erwerbsarbeitswelt, Männer werden folgen.

4. Grenzüberschreitungen

Globalisierung ist ein Prozess von Grenzüberschreitungen. Dabei wirkte der neoliberale Globalisierungsdruck der 1990er Jahre nicht nur als Motor für grenzüberschreitende Waren-, Kapital- und Informationsströme. Er gab auch globaler Mobilität und Migration durch die schnelleren, dichteren und billigeren Verkehrs- und Transportmöglichkeiten und die intensivierten und verbilligten Informations- und Kommunikationstechnologien weltweit neue Dimensionen und Dynamiken. Seit 1965 verdoppelte sich die Zahl der Migrierenden, die länger als ein Jahr im Ausland bleiben, von 75 auf 150 Millionen. Neu sind die Migrationsmuster: Weniger Menschen wandern auf Dauer in ein wirtschaftlich besser gestelltes Land, die vorherrschende Form ist Migration auf Zeit. Solche Muster »transnationaler Mobilität« sind oftmals ein Hin- und Herwandern, Transmigration zwischen mehreren Ländern, Rückkehr in die Heimat nach mehrjährigem Auslandsaufenthalt, saisonales Pendeln und Migrationsrotation innerhalb der Familien (IMO 2000). So ist die Zahl der Auswanderer von Ost- nach Westeuropa derzeit rückläufig, aber die Zahl derjenigen steigt, die für einen Arbeitsaufenthalt mit befristetem Vertrag, Touristenvisum oder illegal nach Westeuropa einreisen.

Die soziale und ökonomische Topographie, in der sich Binnenmigration und transnationale Migration abspielen, ist Ungleichheit. Die Globalisierung verschärft Ungleichheiten und vergrößert das Wohlstandsgefälle sowohl zwischen Ländern als auch zwischen Regionen innerhalb eines Landes. Gleichzeitig wächst der Informationsfluss darüber, wie Menschen in anderen Winkeln des Globus leben und arbeiten, überlagert von Mythen und Legendenbildung, vermischt mit Werbung.

Wo Wohlstand, Ressourcen und Sicherheiten nicht innerhalb von Gesellschaften oder zwischen Ländern und Kontinenten umverteilt werden, da verteilen die Menschen sich selbst um, um ihr Überleben zu sichern und Zugang zu den begehrten Gütern zu bekommen. Solange soziale und ökonomische Polarisierung ein Strukturmerkmal der Globalisierung ist, solange wird auch transnationale Mobilität ein Merkmal der Globalisierung sein. »In einer Welt von Gewinnern und Verlierern verschwinden die Verlierer nicht einfach so – sie versuchen ihr Glück woanders«, schreibt die ILO und prognostiziert, dass die Migration weltweit weiter zunehmen wird (ILO/Stalker 2000). Deshalb ist Migration nicht nur eine individuelle Mobilitätsstrategie und modernes Glücksrittertum, sie ist zudem eine Form kollektiver Krisenbewältigung.

Dies reflektiert sich auch darin, dass der Export von Arbeitskräften in vielen Ländern probates Mittel der Wirtschafts- und Arbeitsmarktpolitik ist: Er entlastet den Arbeitsmarkt im eigenen Land und sorgt für eine wichtige Devisenquelle: die Rücküberweisungen aus der Diaspora. In El Salvador sind diese Geldstransfers höher als alle Exporteinnahmen, in anderen Ländern höher als die ausländischen Direktinvestitionen oder die Entwicklungshilfemittel. Das heißt, dass MigrantInnen nicht nur erheblich zur Ernährung ihrer Familien zu Hause beitragen, sondern für die Volkswirtschaften ihrer Heimatländer bedeutende ökonomische Ressourcen darstellen. Nicht von ungefähr werden die Auslandsphilippina *Bayani,* Heldinnen, genannt. Ganz im Gegensatz zu dieser symbolischen Aufwertung werden jedoch die meisten von ihnen lediglich in niedrig entlohnten, prestigearmen Jobs in der Diaspora zu »Heldinnen der Arbeit« und des Finanztransfers. Viele verheimlichen die Form der Erwerbsarbeit vor ihren Familien, weil sie es als abwertend empfinden, als Hausangestellte in Rom, Bahrain oder Hongkong zu putzen und Kinder zu hüten oder als Dienstleisterin in der Unterhaltungsindustrie anzuschaffen (Parrenas 2001).

Feminisierung der Migration

Neu ist an den Migrationsprozessen der 1990er Jahre auch der wachsende Frauenanteil. Nach Angaben der Internationalen Organisation für Migration (IMO) machte er im Jahr 2000 knapp die Hälfte der »Wanderarbeiterschaft« aus. Dabei hat unter den Migrantinnen die Zahl der Frauen, die allein auswandern oder aber Haupternährerinnen ihrer Haushalte sind, stark zugenommen. Bei der Auswanderung aus Indonesien, den Philippinen, Sri Lanka und El Salvador beträgt der Männeranteil nur noch 20-40% (Lin & Oishi 1996).

Die sozialen Hintergründe und individuellen Entscheidungen für das »Weggehen« sind sehr unterschiedlich: Armut und Chancenlosigkeit, Hoffnung auf Jobs, Konsumwohlstand und bessere Lebenschancen. Ein zentraler Grund ist aber auch die verstärkte Übernahme von Erwerbsarbeit und von Versorgungspflichten für die Familien. Der hohe Arbeitslosensockel von Männern und die Aussicht, in frauenspezifischen Tätigkeiten eine Beschäftigung zu finden, bewirken innerhalb der Geschlechterordnungen, dass die Versorgungserwartung an Frauen wächst und Ernährungsverantwortung an sie verschoben wird.

Feminisierung der Migration meint deshalb nicht nur den wachsenden Frauenanteil. Sie bezeichnet auch die Tatsache, dass frauenspezifische Formen von Migration – z.B. als Hausangestellte, Prostituierte oder Heiratsmigrantin – zunehmen, und immer mehr Zuwandernde in den Zielländern lediglich zu informellen, überwiegend feminisierten Segmenten des Arbeitsmarkts Zugang haben (vgl. Le Breton Baumgartner 1998: 116ff.). Dies ist der entscheidende Unterschied zum »Gastarbeiter« der deutschen Wirtschaftswunderzeit und zum Computerfachmann, der mit einer Green Card nach Deutschland einreist. Das Konzept des »Gastarbeiters« und des Green-Card-Experten beruht auf der Rekrutierung von Fachkräften für formale Beschäftigungsverhältnisse, in denen es an einheimischen Arbeitskräften mangelt. Im Gegensatz dazu hat die Mehrzahl der Migrierenden heute nur zu informellen Jobs in einem beschränkten Spektrum von Marktsegmenten Zugang. Das gilt zunehmend auch für Männer, die mehrheitlich in geringfügigen Beschäftigungen, zunehmend auch in feminisierten Arbeitsmarktsegmenten arbeiten.

Insgesamt sind Zuwanderung und Zugang zu Arbeitsmärkten aber immer noch stark geschlechtsspezifisch geprägt: Männer wandern ins Baugewerbe oder Lagerarbeit, ins Handwerk und Erntetätigkeiten in der Landwirtschaft, Frauen in personen- und haushaltsnahe Dienste, das Reinigungsgewerbe, Gastronomie, Sexarbeit, Tourismus, Heim- und *Sweatshop*-Arbeit. Der Anteil der feminisierten Segmente wächst beim Übergang von der industrie- zur dienstleistungsdominierten Wirtschaft und mit der zunehmenden Deregulierung des Arbeitsmarktes. Infolge von De-Industrialisierung und konjunkturellen Flauten, die unmittelbar den Bau- und Infrastruktursektor treffen, schrumpfen dagegen die Beschäftigungsmöglichkeiten für männliche Migranten als Hilfsarbeiter und Tagelöhner.

Gerade die Informalisierung und Deregulierung – sprich: der neoliberale Umbau des Dienstleistungssektors – machen ihn zum Auffangbecken für Zugewanderte, vor allem für die wachsende Zahl undokumentierter EinwanderInnen. Die flexiblen, anpassungswilligen Migrantinnen sind bereit, die prekären Arbeitsbedingungen und miese Entlohnung zu akzeptieren, weil sich ihnen keine Alternativen bieten und sie auf ein Sprungbrett zu besseren Jobs und Einkünften hoffen. 36% der Philipina, die als Hausangestellte tätig werden, haben ein Hochschulstudium absolviert, sodass die Arbeitsmigration für sie mit einer schmerzlichen Dequalifizierung einhergeht (Lin & Oishi 1996: 6f.). Von dieser Bildungsentwertung sind auch in hohem Maße Frauen aus Osteuropa betroffen, die in Westeuropa oder Asien als Dienstleisterinnen, Unterhaltungs- oder Sexarbeiterinnen tätig werden.

Aus der Arbeitsmarktperspektive im Zielland unterscheiden die Vereinten Nationen drei Gruppen von Migrantinnen (UN 1999: 31ff.): eine relativ kleine Elite von hochqualifizierten Spezialistinnen wie Ärztinnen und Krankenschwestern, Computerfachfrauen, Wissenschaftlerinnen und Mitarbeiterinnen multinationaler Konzerne. Diese Profi-Nomadinnen stammen überwiegend aus Europa, Nordamerika oder Süd- und Ostasien. Die zweite Gruppe sind legale Einwanderinnen mit befristeten Arbeitsverträgen in der Verarbeitungsindustrie, auf Plantagen oder im Dienstleistungssektor. Häufig müssen sie bei der Einreise ihren Pass beim Arbeitgeber abliefern und dürfen den Job nicht wechseln, d.h. sie werden nicht zu »freien« Lohnarbeiterinnen. Die dritte und absolut größte Gruppe sind die Dienstleisterinnen in Privathaushalten und im gewerblichen Service- und Unterhaltungssektor, *Sweatshop*- und Sexarbeiterinnen, die zu einem großen Teil ohne Dokumente flexible, ungeschützte und geringbewertete Jobs verrichten.

Saskia Sassen (1998) hat am Beispiel von New York gezeigt, wie in den *Global Cities* die Nachfrage nach gelegentlichem, gering-qualifizierten und niedrig bezahlten Service wächst und diese meist von MigrantInnen, oft illegal und weiblich, befriedigt wird. Die *high-tech*-gestützten Finanz-, Handels-, Informations- und Kommunikationsmärkte mit ihrer hochqualifizierten, hochdotierten und transnational mobilen Elite ruhen auf einem Polster informalisierter Zuarbeit und arbeitsintensiver feminisierter Dienstleistung, ohne das sie nicht funktionieren könnten. Dazu gehört auch, dass berufstätige Mittelschichtfrauen und die Aufsteigerinnen in die New Economy ihre Haus- und Sorgearbeit bei minimaler Entlohnung an (oft illegale) Migrantinnen delegieren. Zwischen den Spitzenjobs und den miesen Jobs ist »eine Verwertungsdynamik am Werk, die den Abstand zwischen entwerteten und aufgewerteten Sektoren der Ökonomie beständig vergrößert« (Sassen 1998: 203). Beide sind unabdingbar Teil der globalisierten Wirtschaft der *Global Cities*, die einen öffentlich und sichtbar, die anderen überwiegend unsichtbar.

Diskriminierung und Differenzierung finden zusätzlich auch zwischen den verschiedenen Migrantinnengruppen statt. In Berlin sind Polinnen mit 7.50 Euro Stundenlohn die bestbezahlten Putzhilfen, gefolgt von Lateinamerikanerinnen; am unteren Ende der Skala rangieren Frauen aus anderen osteuropäischen Staaten mit 2.50 Euro (Lutz 2000: 9). Nach Angaben des Gewerkschaftsverbands AFL-CIO liegt in den USA der Durchschnittsverdienst weißer Frauen und von Asiatinnen bei 74% des männlichen Durchschnittseinkommens, der von Afro-Amerikanerinnen bei 65% und der von Latinas bei 57%. Diese gestaffelte Lohndiskriminierung zeigt deutlich, wie der Markt rassistische und sexistische Zuweisungskriterien für seine Segmentierungs und Verwertungsdynamik nutzt. Die derzeit sich verstärkende Hierarchisierung und Polarisierung der Arbeitsmärkte basiert auf ethnischen und Geschlechterunterschieden.

Internationalisierung von Reproduktionsarbeit und globale Pflegeketten

Transnationale Mobilität und Migration haben eine neue internationale Teilung reproduktiver Arbeit zur Folge (Truong 1996, Parrenas 2001: 69ff.). Dies betrifft Kernbereiche der Daseinsvorsorge und Reproduktion wie Kranken- und Altenpflege, Kinderversorgung, Haus- und Putzarbeit sowie Sexarbeit. Wenn Frauen aus dem globalen Süden (und Osten) reproduktive Tätigkeiten im globalen Norden übernehmen, findet eine transnationale Umverteilung von Sorgearbeit und sozialen Diensten statt. Die meisten Hausangestellten, die in mittelständischen Haushalten der *Global Cities* waschen, wischen, Kinder hüten und Alte pflegen, sind selbst Mütter. Sie überlassen die reproduktive Arbeit mit ihren Kindern weiblichen Verwandten im Heimatland. Eklatant ist dieses weltweite Umverteilungssystem durch Migration im Gesundheitssektor. Im Norden besteht ein »Pflegenotstand« in Krankenhäusern, Seniorenheimen und Privathaushalten. In den 1970er Jahren waren es Krankenschwestern aus Süd- und Südostasien, die der Bundesrepublik aus der damaligen Pflegepatsche halfen – Frauen aus Ländern, wo Fachkräfte teils gut ausgebildet, aber miserabel bezahlt werden. Inzwischen stellen Osteuropäerinnen die Mehrheit der Pflegekräfte, vor allem auch in der Grauzone der Altenpflege in Privathaushalten.

Gerade im Bildungs- und Gesundheitsbereich qualifizierte Frauen sind ein Exportschlager dieser Länder. 70% der 7.000 Krankenschwestern, die pro Jahr auf den Philippinen ausgebildet werden, arbeiten später im Ausland (UN 1999). Das bedeutet aber auch, sie fehlen im eigenen Land. Die Versorgung in den wohlhabenderen Ländern beruht auf der ökonomischen Ungleichheit im Weltmaßstab, und sie verstärkt diese Ungleichheit: In Deutschland kommt ein Arzt/eine Ärztin auf 250 Bewohner, in Indien auf 2.500 Menschen, in den ärmsten afrikanischen Ländern, in Nepal und Haiti muss ein Arzt statistisch 25.000 Menschen betreuen. Medizinische Versorgung im Norden geschieht auf Kosten der armen Bevölkerung im Süden, und die Arbeitsmigration verstärkt die sozialdarwinistische Rangordnung im globalisierten Gesundheitswesen.

Beispiel Simbabwe: Die Einführung eines Strukturanpassungsprogramms 1991 bewirkte drastische Einsparungen im öffentlichen Gesundheitswesen. Zu Hunderten verließen ÄrztInnen und qualifiziertes Pflegepersonal das Land, weil sie ihre Familien von den Gehältern nicht mehr ernähren konnten. Von den 1.200 ÄrztInnen, die in den 1990ern in Simbabwe ausgebildet wurden, sind nur 360 im Land tätig. Die Abgewanderten arbeiten zum Teil im Nachbarland Südafrika. Südafrika wiederum ist selbst eine Drehscheibe im weltweiten Umverteilungssystem medizinischer Fachkräfte. Es wirbt ÄrztInnen aus Simbabwe, Sambia und Kuba ab, während südafrikanische ÄrztInnen nach Kanada und Großbritannien rekrutiert werden – eine Sogwirkung entlang des globalen Wohlstandsgefälles.

Seit den 70er Jahren wird der Weltmarkt für medizinische Fachkräfte und Pflegepersonal, eine *Global Care Chain,* eine weltumspannende Versorgungskette, die überwiegend weiblich ist, ausgebaut. Zielländer wie Deutschland importieren medizinische Qualifikation, aber auch Beziehungsarbeit, Fürsorglichkeit und soziale Zuwendung. Dieser Gewinn bedeutet Verlust auf der anderen, der ärmeren Seite des Globus. Die Arbeitsmigration stellt einen immensen Abzug an Wissen und Qualifikation, an Human- und Sozialkapital aus ärmeren in wohlhabende Gesellschaften dar. Stellt man die Kosten für diese Qualifikationen in Rechnung, so subventioniert der Süden den reichen, aber an Fürsorge und sozialer Sicherheit verarmenden Norden mit schätzungsweise 500 Millionen Euro pro Jahr.

Je mehr die Länder des Nordens vergreisen, desto mehr Pflegepersonal brauchen sie. Wie die Krankenpflege, so ist auch die Altenpflege in Privathaushalten ohne Migrantinnen nicht mehr denkbar. Mit der Green-Card-Regelung für bis zu 100.000 osteuropäische Migrantinnen, die Alte in deutschen Privathaushalten pflegen, hat die Bundesregierung die Problemlösung durch transnationale Umverteilung von Sorgearbeit und Zuwendung politisch abgesegnet. Die Zuwanderungssteuerung durch eine Green Card für Leerstellen auf dem Arbeitsmarkt ist paradigmatisch für eine konsequente Standortpolitik. Punktgenau und befristet sollen unterbesetzte Arbeitsmarktsegmente – der Informations- und Kommunikations-Technologie-Bereich und die Altenpflege – beliefert werden. Mit der Green Card wurde der Widerspruch gemanagt, dass von Seiten der Privatwirtschaft und der Privathaushalte eine steigende Nachfrage nach dem Import von Pflege- und Sorgearbeit besteht, während von Seiten der Politik die Migration zu diesem Zweck bisher illegalisiert wurde. Das soziale Problem, nämlich die mangelnde Versorgung alter Gesellschaftsmitglieder, wird nicht auf Grundlage des Solidarprinzips gelöst, sondern privatisiert, individualisiert und über transnationale Märkte vermittelt. Die Green Card sichert die Verfügbarkeit reproduktiver Arbeitskräfte in einem staatlich regulierten Format.

Import-Export-Politik

Die Krisen in Asien, Russland und Lateinamerika gaben dem Migrationskarussel neuen Schwung. Südkorea, Taiwan und Thailand hatten sich im Wirtschaftsboom vor 1997 von Entsendeländern zu Netto-Importeuren von Arbeitskräften gewandelt. Während der Asienkrise verließen zigtausende chinesische Einwanderer Südkorea, nachdem ihre Arbeitgeber Bankrott machten. Die thailändische Regierung verwies einige hunderttausend Birmesen des Landes. Gleichzeitig forderte sie entlassene ArbeiterInnen zur Migration auf, und tatsächlich setzte ein Exodus von einer halben Million MigrantInnen ein. Mobilität ist für viele Frauen in der Krise die letzte Ressource, auf die sie zurückgreifen. Sie verdichteten das Arbeitskräfteangebot und die Konkurrenz in Zielregionen wie Ostasien und dem Nahen Osten. Dies übersetzt sich in Lohndruck: In Hongkong wurden die Löhne der 230.000 meist philippinischen und indonesischen Hausangestellten trotz stark gestiegener Lebenshaltungskosten zunächst eingefroren, dann gesenkt.

Beim neoliberalen Umbau der Arbeitsmärkte spielt Zuwanderung eine strategisch wichtige Rolle: Durch sie wird die Erwerbsarbeitshierarchie immer neu von unten aufgefüllt, weil Eingewanderte die niedrigsten Bezahlungen und schlechtesten Arbeitsbedingungen akzeptieren (müssen). Damit unterlaufen sie Tarifverträge, Mindestlöhne und Rechtsansprüche, die von den einheimischen Beschäftigten gewerkschaftlich ausgehandelt wurden. Die verschärfte Konkurrenz durch zugewanderte Arbeitskräfte macht es möglich, den Deregulierungsdruck auf die einheimischen Arbeitskräfte zu verstärken. Ebenso forciert die Migrationsdynamik die hierarchische Umstrukturierung der Erwerbsarbeit auf der Grundlage geschlechtlicher und ethnischer Ungleichheiten.

Die chronische Wachstumsschwäche und Arbeitslosigkeit in den Zielländern senkt gleichzeitig auch die Akzeptanz von Zuwanderung, verstärkt rassistische und fremdenfeindliche Ressentiments und hat politisch eine Verschärfung der Grenzkontrollen und Einwanderungsgesetzgebung zur Folge. Restriktive Einwanderungsbedingungen vergrößern den Anteil illegaler Zuwanderung und das Risiko von Menschenrechtsverletzungen in den inzwischen hochgradig kommerzialisierten Migrationsschleusen. Gerade der undokumentierte Status von Migrantinnen zwingt sie in die soziale Unsichtbarkeit und prädestiniert sie für Ausbeutung und gewaltförmige Übergriffe sowohl in der Schlepperökonomie als auch in den informellen, halb- oder illegalen Beschäftigungsverhältnissen im Zielland.

Gewaltmarkt Frauenhandel

Nach dem Fall des »Eisernen Vorhangs« und den Krisen der vergangenen Jahre ist die transnationale Kommerzialisierung des Körpers und der Arbeitskraft Frau unter den Bedingungen von Zwang und Menschenrechtsverletzung sprunghaft angestiegen. Die Vereinten Nationen schätzen die Zahl der aus Osteuropa, Asien, Afrika und Südamerika in die OECD-Welt gehandelten Frauen auf jährlich eine Million – ohne den Handel innerhalb der Regionen mit Frauen, Kindern und Männern. Allein nach Thailand hinein und aus der Drehscheibe Thailand heraus wurden seit 1990 eine Million Frauen und Kinder gehandelt: Birmesinnen, Kambodschanerinnen, Laotinnen und Chinesinnen. Gleichzeitig wurden Thailänderinnen nach Japan verfrachtet.

Je mehr die Industrienationen ihre Einreisebestimmungen verschärfen, desto günstiger sind die Geschäftsbedingungen für Menschenhändler. Nachdem die Bundesrepublik 1988 eine Visumspflicht für thailändische Staatsangehörige einführte, vervielfachten sich die Preise von »Vermittlungsagenturen«. Frauen, die migrieren wollen, sind auf die Dienste von Schleppern angewiesen. Ein unablässiger Strom der »Ware Frau« wird wie andere Güter- und Stoffströme über die Grenzen geschleust und mit lukrativen Gewinnen von kriminellen transnationalen Netzwerken in die globalen Tausch- und Handelsprozesse eingebunden.

Der Unterschied zwischen Migration von Frauen und Frauenhandel liegt nicht darin, ob sie zustimmen, das eigene Land zu verlassen, und auch nicht darin, dass die Migration mithilfe von Agenten stattfindet. Frauenhandel ist vielmehr dadurch definiert, dass die Migration unter Bedingungen des Zwangs oder der Täuschung geschieht und in Schuldknechtschaft oder Gewaltstrukturen mündet, die elementare Menschenrechte mit Füßen treten. Zwang herrscht auch dann, wenn die Frauen wissen, dass sie in illegalen Sektoren oder der Prostitution arbeiten sollen, aber über das Maß an Ausbeutung und Abhängigkeit getäuscht werden und nicht ahnen können, welcher Gewalt sie unterworfen werden. (KOK o.J.)

Auf mafiös strukturierten Märkten machen transnationale Händlersyndikate mit Frauenhandel ebenso lukrative Geschäfte wie mit Drogen- und Waffenhandel. Es handelt sich längst nicht mehr um kriminelle Nischen, sondern der Frauenhandel in die

KOK, Koordinierungskreis der Beratungsstellen für gehandelte Frauen mit Sitz in Potsdam, ist ein Zusammenschluss von 34 bundesdeutschen Frauenprojekten, die gegen Frauenhandel und Gewalt an Frauen im Migrationsprozess arbeiten, darunter agisra, Ban Ying und terre des femmes.

Die Mitgliedsorganisation **Solwodi** betreut schwerpunktmäßig Opferzeuginnen des Menschenhandels.

Der KOK und Ban Ying haben mit dem internationalen Netzwerk **GAATW**, der *Global Alliance against Trafficking in Women*, Lobbyarbeit bei der UN-Verbrechenskommission in Wien dafür gemacht, dass Frauenhandel in die 2000 unterzeichnete Konvention gegen transnationale organisierte Kriminalität eingeschlossen wurde. Es gelang jedoch nicht, die Regierungen auf den Opferschutz zu verpflichten.

www.kok-potsdam.de
www.agisra.de
www.solwodi.de
www.terre-des-femmes.de
www.thai.net/gaatw

Prostitution, Ehe und illegale Beschäftigungen hat kommerzielle Dimensionen erreicht, die – mit geschätzten jährlichen Verdiensten zwischen sieben und 13 Milliarden Dollar (UNDP 1999) – eine Boombranche darstellen. Die sklavenähnlichen Bedingungen, unter denen Frauen arbeiten müssen, vorgeblich um die Reise-, Visums- und Vermittlungskosten wie in einer Schuldknechtschaft abzuarbeiten, stellen einen extremen Pol der Schutz- und Rechtlosigkeit von Arbeit auf dem Weltmarkt dar.

Wenn Albanerinnen je nach Aussehen versteigert und dann in Italien durch psychische Folter terrorisiert werden, wenn Ukrainerinnen auf dem Weg von Osten nach Westen im Laufe weniger Monate mehrere Male den Besitzer wechseln und gegen geklaute PKWs getauscht werden, wenn Russinnen und Philipina in den US-Militärcamps in Südkorea die Bars und Bordelle nicht verlassen dürfen – dann sind das Kennzeichen eines Marktes, der auf Gewalt beruht, jenseits aller Rechts- und Vertragsordnung. Von Gewaltökonomie und Gewaltmärkten ist überwiegend im Zusammenhang mit Kriegen die Rede. Doch die Sklavinnenhaltermärkte und Mafiastrukturen, in denen Frauen und in einigen Regionen auch Kinder gehandelt werden, tragen ebenfalls die Kennzeichen der Gewaltökonomie. Tausch – Ware gegen Geld – und Aneignung von Waren finden hier unter Einsatz oder Androhung physischer und psychischer Gewalt statt. Geschäftsgrundlage ist eine geschlechterhierarchische Gewaltlogik, die auf der Abwertung des Weiblichen und der Unterwerfung von Frauen beruht. Menschenhändler sind Gewaltunternehmer. Der Staat ist als Ordnungsmacht und Rechtsgarant in diesen transnationalen Räumen nicht präsent, oder staatliche Ordnungshüter agieren als Komplizen der Gewaltprofiteure.

Eine »billige« Albanerin kostet derzeit in Italien 2.500 Euro. 7.500 Euro zahlt ein Bordellier in ländlichen Regionen Deutschlands für eine Frau aus der Ukraine oder Moldawien, wo 46 bzw. 38% der Bevölkerung unter der Armutsgrenze von 2 Dollar Einkommen pro Tag leben. Amortisiert hat sich die Investition für den Bordellier nach einem Monat – soviel kann die Frau mit sexuellen Dienstleistungen erwirtschaften, während die Kosten für ihren Unterhalt keine 500 Euro betragen. Die kriminellen transnationalen Gewaltnetzwerke verknüpfen Diebstahls-, Drogen- und Waffenökonomie mit dem Frauenhandel und pflegen beste Beziehungen mit der formalen Ökonomie z.B. zur Geldwäsche. Die Gewaltökonomien sind ein integraler Bestandteil der neoliberalen Globalisierung, eine »Schattenglobalisierung«, wie Peter Lock sie nennt (FR, 16.4.2003).

Die Entwurzelung oder Entterritorialisierung durch Migration wird hier ins Extrem getrieben. Manchmal werden Frauen jahrelang zwischen Bordellen in ländlichen Regionen verschiedener europäischer Länder verschoben, ohne dass sie überhaupt wissen, wo sie sind. Diese Bordelle, Container und Wohnwagen, sogenannte Love-Mobile, sind wie Schmuddelbars und Stundenzimmer in Bahnhofsnähe Orte der Globalisierung und für die gehandelten Frauen Transitstationen in einer Gewaltökonomie.

Korruption stellt häufig ein Scharnier zum legalen Sektor her, und rechtsförmige Mittel wie die »Unterhaltungsvisa« in asiatischen Ländern oder Scheinehen verschleiern die Zwangs- und Gewaltverhältnisse und schützen das organisierte Verbrechen. Während Frauenhandel in den kriminellen Netzwerken wie geschmiert international vernetzt funktioniert, agieren die Rechtsstaatlichkeit und Strafverfolgung überwiegend national. Ihr zentraler Ansatzpunkt ist die Drosselung illegaler Zuwanderung, nicht die Verfolgung von Schleppern und Menschenhändlern. Dies führt immer wieder zu politischen und gesetzlichen Maßnahmen, die die Frauen kriminalisieren: Stadtzentren werden »gesäubert«,

Rotlichtdistrikte oder »Toleranzzonen« markiert und die illegalen Einwanderinnen damit in den Untergrund gezwungen, wo ihr Verdienst geringer und ihre Arbeitsbedingungen mieser sind. Das aber erhöht ihr Gewaltrisiko und die Gefahr des Weiterhandelns. Nach Razzien in den Bordellen werden die Frauen als Kriminelle abgeschoben, wenn sie sich nicht als Opfer von Menschenhandel erklären, denn sie haben keine oder falsche Papiere und verstoßen gegen das Aufenthalts- und Arbeitsrecht. Mit der Abschiebung stehen sie aber als Zeuginnen in Prozessen gegen Menschenhändler nicht mehr zur Verfügung. Häufig werden sie unmittelbar nach der Grenzüberschreitung von denselben Täterringen wieder aufgegriffen und in ein Nachbarland eingeschleust. Die meisten Frauen wollen auf keinen Fall mit leeren Händen nach Hause zurückkehren, um dort ihr Scheitern und ihre Demütigung nicht eingestehen zu müssen. So führt die Kriminalisierung lediglich zu einem Drehtüreffekt. (FES 1999)

Verfahren gegen transnationale Frauenhändlerringe können jedoch nur durchgeführt werden, wenn die Frauen bereit sind, als Zeuginnen gegen die Täter auszusagen. Daran hindert viele ihre Angst vor den Zuhältern, vor der Polizei und davor, dass ihre Angehörigen zu Hause terrorisiert werden könnten. Zwar sind mit der Unterstützung von NGOs inzwischen Zeuginnenschutzprogramme ausgearbeitet worden. Doch sie sind davon abhängig, dass die Frauen Duldung bekommen. Zudem ist ihre Finanzierung ungesichert. Nach Angaben der Unterstützungsorganisation Solwodi werden in Deutschland jährlich nur 2% der aufgegriffenen Frauen in das Schutzprogramm übernommen. Hier stellt sich die Frage, was für eine Sicherheitspolitik der Staat betreibt, wen er schützt, wen er duldet und wen er kriminalisiert.

Die Recht- und Schutzlosigkeit der Frauen spielt den Frauenhändlern in die Hände. Mangelnder Opferschutz ist der beste Täterschutz. Eine rechtliche Anerkennung von Prostitution als Arbeit sowie Aufenthalts- und Arbeitsrechte für ausländische Prostituierte wären ein erster Schritt, um die Frauen zu stärken und die Menschenhändler zu schwächen. Solange dies nicht geschieht, bleibt der Frauenhandel eine transnationale Straftat mit geringem Risiko und großen Gewinnen für die Gewaltunternehmer.

Kulturelle Globalisierung und hybride Identitäten

Die Biographien von Migrantinnen – vom Au-Pair bis zur Computerfachfrau, von der Sexarbeiterin bis zur Ärztin – stellen ein Kaleidoskop nicht nur transnationaler Mobilitätsprozesse, sondern auch verschiedenster individueller Strategien des Ausbruchs aus Armutsverhältnissen und des erhofften sozialen Aufstiegs dar. Das Eigene und das Fremde konstituieren sich in diesen Prozessen ebenso neu wie das Gefühl von Zugehörigkeit. »Entbettet« aus den sozialen Zusammenhängen und der lokal gebundenen Herkunftskultur bilden MigrantInnen multiple Identitäten. In ihnen ist die Staatsbürgerschaft nicht mehr der entscheidende Bezugspunkt, sondern es finden Bedeutungsverschiebungen und Verschmelzungen verschiedenster Faktoren wie ethnischer Herkunft, Klasse, Geschlecht, Religion, Alter und sexuelle Orientierung statt. Immer mehr Migrierende haben zwei Lebensmittelpunkte und mehrortige Biographien: Menschen mit türkischer Herkunft in Deutschland, mosambikanischer Herkunft in Südafrika, vietnamesischer Herkunft in Australien, mexikanischer Herkunft in den USA. Gloria Anzaldua beschreibt entsprechend vielschichtige und widersprüchliche Identifikationsprozesse von Frauen, die im mexikanisch-US-amerikanischen Grenzkorridor leben, in der Figur der »Mestizin«, deren Zuhause nicht mehr territorial zu verorten ist.

Subjektivitäts- und Identitätsbildung gerade von Migrantinnen als transkulturellen Grenzgängerinnen stehen im Zentrum feministischer Forschung zu kultureller Globalisierung (z.B. Hess/Lenz 2002). Was geschieht, wenn durch Globalisierung Kulturkontakte exponentiell wachsen und die westliche kommerzialisierte Konsumkultur auf die Vielzahl nicht-westlicher Kulturpraktiken stößt? Die neuen Identitäten und kulturellen Schnittstellen werden in der feministischen Literatur mit dem Topos der »Hybridität« gefasst. Kulturoptimistisch wenden sich Kulturwissenschaftlerinnen gegen die These von der Dampfwalze kultureller Homogenisierung durch den Konzernkommerz, der den Rest der Welt platt macht und alle anderen Kulturen einebnet. Sie beschäftigen sich vielmehr mit der Kreuzung und Verstrickung verschieden-kultureller Einflüsse, wie sie in Diaspora-Gemeinden und von transkulturellen Persönlichkeiten entwickelt werden. Kulturen und Identitäten werden nicht als statische, territorial gebundene und in sich geschlossene Systeme gesehen, sondern als offene und dynamische Konstrukte. Die hybriden Kulturen werden als Lebenspraktiken betrachtet, die die Differenzen zwischen Kulturen und Ethnien überwinden und eigenmächtig neue Selbst-Verständnisse und Welt-Verständnisse erzeugen.

Zweifellos gewinnen in diesen hybriden Kulturen auch Geschlechterrollen neue Konturen, und die Koordinaten der Geschlechterverhältnisse verschieben sich markant. So gewannen mittelamerikanische Migrantinnen in den USA infolge ihrer Erwerbsarbeit und Beteiligung am öffentlichen Leben ihren Männern gegenüber mehr Selbständigkeit und Verhandlungsmacht (Sassen 1998:208f). Andererseits bestehen häufig auch Kontinuitäten in den Geschlechterregimen fort, oder neue Unrechts- und Hierarchiestrukturen bilden sich. Deshalb ist auch bei hybriden Identitäten und Subjektbildungen jedes Mal neu zu fragen, welchen herrschaftskritischen Gehalt sie in Bezug auf die Geschlechter- und Gesellschaftsordnung und welches emanzipatorische Potential sie für Frauen haben.

5. Sorgearbeit und die neoliberale Baustelle Haushalt

Die fordistische Familie als Auslaufmodell
1997 verschreckte Arlie Russel Hochschild die US-amerikanischen Achsen des Guten und der Familienideologie mit einer Studie über hochqualifizierte erwerbstätige Frauen. Sie zeigte, dass diese sich bei der Erwerbsarbeit wohl und zuhause fühlen, während sie ihr Zuhause als stressigen Arbeitsplatz empfinden (Russel 2002). Wie ihre Ehemänner machen mittelständische karriereorientierte Frauen lieber Überstunden als Reproduktionsarbeit zu Hause, weil sie mehr Anerkennung und Befriedigung aus der Erwerbsarbeit beziehen. Die Sorgearbeit im Haus übertragen sie gegen geringe Entlohnung an Hausangestellte und Kindermädchen.

Die Umbrüche, die Russel Hochschild analysierte, zeigen wie sich durch die Integration von Frauen in den Erwerbsarbeitsmarkt die Demarkationslinie zwischen Erwerbsarbeit und Reproduktionsarbeit verschiebt und sich die Identitäten von Männern und Frauen als ökonomische Subjekte neu konstruieren. Dies markiert den Zusammenbruch des fordistischen Familienmodells in den westlichen Industrienationen.

Im fordistischen Modell, das die Aufschwungphase der kapitalistischen Marktwirtschaft in den OECD-Ländern nach dem Zweiten Weltkrieg prägte, fügen sich Gesellschafts- und Geschlechterordnung wunderbar ineinander. Die ökonomische Schlüsselgestalt war der Ernährermann, der mit seinem Familienlohn aus lebenslanger Vollzeitbeschäftigung seine Ehefrau miternährte. Der Gesellschaftsvertrag beinhaltete, dass durch Produktivitätssteigerung die Massenproduktion wuchs und der Lohnarbeiter mit seinem Lohn die Kaufkraft bekam, um am Konsum der Wohlstandsgüter mit seiner Familie teilnehmen zu können. Der Geschlechtervertrag besagt, dass die Ehefrau als Gegenleistung für die Versorgung durch den Ernährermann unbezahlt Familienarbeit leistete, und nicht oder nur zur Erhöhung des Konsums »zuverdiente«. Dieses Brotverdienermodell wurde als »Normalarbeitsverhältnis« definiert und meinte die per Tarifvertrag geregelte und durch Sozialversicherung abgefederte männliche Lohnarbeit, schloss aber die weibliche, kostenlos verfügbare Fürsorgearbeit im Privaten als quasi natürliche Ressource mit ein. Die Hausfrau hatte nur abgeleitete Versorgungsansprüche an den Staat, nicht als selbständiges wirtschaftliches Subjekt, sondern als Abhängige des Mannes.

Die geschlechtshierarchische Arbeitsteilung wurde in den getrennten Sphären des Privaten und Öffentlichen verortet. Die Verkopplung von Produktion mit Öffentlichkeit und Reproduktion mit Privatheit war ein grundlegender Code der Geschlechterordnung (Young 1998: 180). Verpackt in die ideologische Füllmasse eines zutiefst patriarchalen Familienmodells macht der Verweis von Sorgearbeit in die privaten Haushalte diese Arbeit wundersam unsichtbar und naturalisiert gleichzeitig die Frauenrolle zur Hüterin von Haus und Kind (Pateman 1988). Die Macht, die Männer aus dieser Teilung gesellschaftlich notwendiger Arbeit und ihrer Verortung in getrennten Bereichen beziehen, nennt der australische Männerforscher Robert Connell »patriarchale Dividende«. Männliche Identität konstruierte sich vor allem über die entlohnte wertschöpfende Leistung in der Wirtschaft, die darauf gründende Dominanz des Brotverdieners in der Familie und seine Freisetzung von unbezahlter Reproduktionsarbeit im Haushalt.

Diese Geschlechterordnung legitimiert bis heute das »strategische Schweigen« (Bakker 1994, Elson 1993) über die unbezahlte Sorgearbeit von Frauen in den Volkswirtschaften und ihren Statistiken. Das neoklassische Ökonomiemodell betrachtet nur über den Markt vermittelte Arbeit als wertschöpfend und grenzt alle unbezahlte, wenn auch gesellschaftlich hochnotwendige reproduktive Arbeit aus dem Ökonomischen als unproduktiv aus. Es gehört zu den Paradoxien der profitorientierten Marktökonomie, dass sie die Reproduktionsarbeit aus ökonomischen Wertkalkulationen ausblendet, sie aber gleichzeitig als scheinbar in der Natur von Frauen liegende und unendlich dehnbare und flexible Produktivkraft voraussetzt und nutzt. Die Kritik feministischer Ökonominnen an der orthodoxen Ökonomie hakt genau bei diesem Widerspruch ein und macht die unbezahlte Sorgearbeit der Frauen zum Lackmustest der Geschlechtergerechtigkeit sowohl auf makro- als auch auf mikro-ökonomischer Ebene.

Die neue westliche Frauenbewegung hatte bereits seit den 1960er Jahren die geschlechtshierarchische Arbeitsteilung zu einem Springpunkt ihrer Analysen gemacht und unter der Devise »Das Private ist politisch« politisiert. Denn das, was sich zwischen Mann und Frau zu Hause abspielt, ist keineswegs nur Privatangelegenheit und persönliche Dienstleistung »aus Liebe« jenseits des Kapitalverhältnisses. Die sozial und ökonomisch unentbehrlichen Nicht-Lohnarbeiten sind vielmehr das Fundament gesellschaftlicher Wohlstandsproduktion. Die Sorge-, Haushalts- und Familienarbeiterinnen subventionieren die kapitalistische Marktökonomie pausenlos und kostenlos. Der Zusammenbruch des fordistischen Gesellschaftsvertrags und die neoliberalen Umbrüche durch die Globalisierung greifen tief in die Ökonomie des Marktes, aber auch in die Sorgeökonomie der Privathaushalte ein.

Die Gretchenfrage der Ökonomie

Seit zwei Jahrzehnten wächst weltweit die Beschäftigungsrate von Frauen, während die von Männern rückläufig ist (Ausnahme: Osteuropa) (Vereinte Nationen 2000: 111). Dies bringt die symbolischen, sozialen und wirtschaftlichen Koordinaten der Haushalte ins Wanken. Seit immer mehr Frauen erwerbstätig sind, stellt sich die Frage der binnenfamilialen Arbeitsteilung: »Wer sorgt für die Kleinen?« (Folbre 1994) neu. Zwar bekundet eine größere Zahl junger Männer in Europa ihren Willen, Sorgearbeit unbezahlt mit ihrer berufstätigen Liebsten zu teilen. Die Empirie sieht anders aus. Die männliche Abstinenz gegenüber Haus- und Familienarbeit ist ungebrochen, ihre Beteiligung an Sorgearbeit hat sich nur unmaßgeblich erhöht. Mit der Flexibilität der Frauen korrespondiert keine flexible Rollenerweiterung der Männer. So befürworten zwar 87% deutscher Männer den Rechtsanspruch von Vätern auf Elternzeit, aber nur 1,5% derjenigen, die tatsächlich Erziehungsurlaub nehmen, sind Männer (Rerrich 2002: 18f.).

Das geschlechterpolitische Projekt der Umverteilung von Sorgearbeiten muss als gescheitert betrachtet werden. In europäischen und nordamerikanischen Haushalten, in denen beide Partner verdienen, leisten Frauen fast doppelt so viel Sorgearbeit wie ihre Männer. In Japan liegen die männlichen Hausarbeitsresistenzen beträchtlich höher: Dort bringen Männer laut einer Regierungsstudie täglich ganze elf Minuten mit Hausarbeit zu, während ihre Frauen nach dem Job eine zweite Schicht leisten: 3 1/2 Stunden Hausarbeit.

So kommt es zu der paradoxen Situation, dass einerseits die binäre gesellschaftliche Werte- und Zuständigkeitsordnung Mann = Erwerbsarbeit, Frau = Haus- und Familienarbeit einseitig durchlöchert ist, andererseits die Alleinzuständigkeit von Frauen für die Sorgearbeit trotz ihrer wachsenden Erwerbstätigkeit und aktiven Rollenerweiterung weitgehend unberührt bleibt. Begriffe wie »Doppelbelastung« und »Vereinbarkeitsproblem« werden stets nur auf berufstätige Mütter bezogen, nicht aber auf berufstätige Väter. Stereotypen sterben langsam – im Bewusstsein wie im Alltagshandeln – erst recht wenn sie marktfunktional sind.

Rationale Grundlage dafür sind nämlich die Marktstrukturen, vor allem die geschlechtsspezifische Segmentierung des Erwerbsmarkts und die Lohndifferenz zwischen Männern und Frauen. In den alten Bundesländern beträgt sie im statistischen Durchschnitt berufstätiger Männer und Frauen 25%, wobei in den vergangenen 20 Jahren lediglich eine Verbesserung in homöopathischer Dosis von 2,8% stattfand (BMFSFJ 2002: 40). Frauen bleiben nach der Geburt des Kindes zuhause oder suchen einen Teilzeitjob, weil es sich nicht rechnet, wenn der besserverdienende Mann die Berufstätigkeit aufgibt oder einschränkt. Die skandinavischen Länder, in denen der Staat mit Krippen, Horten und Ganztagsschulen die Kinderversorgung als gesellschaftliche Aufgabe organisiert, liegen weltweit vorne bezüglich der Vollzeitbeschäftigung von Frauen, und dies bei gleichbleibender Geburtenrate.

Dagegen stellt die Geburt jedes Kindes für die Mehrzahl der Frauen in den Industrienationen einen erwerbsbiographischen Einschnitt und eine deutliche Verschiebung der Anteile von bezahlter und unbezahlter Arbeit dar. Kinderkriegen ist das größte Handicap von Frauen auf dem wettbewerbsintensiven Arbeitsmarkt, weil die Gretchenfrage der Kinderbetreuung ungelöst ist. Die Vereinten Nationen kommentieren lapidar: »Kleinkinder tragen zur erheblichen Zunahme unbezahlter Arbeit für Frauen, aber nicht für Männer bei« (2000: 128ff.). Zeitnutzungsstudien in Australien, den Niederlanden und Neuseeland hatten das bizarre Ergebnis, dass Väter von Kindern unter fünf Jahren mehr Zeit für bezahlte Arbeit aufwenden als Männer ohne Kleinkinder. Offenbar wollen sie den Verdienstausfall der Frauen kompensieren. Ihren Zeitaufwand für unbezahlte Arbeit erhöhen dieselben Väter dagegen nicht oder nur wenig.

Für die Frauen, die keine Kinderbetreuung oder Tagesmutter bezahlen können, hat das Mehr an Sorgearbeit Auswirkungen auf die Form ihrer Erwerbsarbeit und ihr Einkommen. Wiedereinsteigerinnen in den Erwerbsmarkt nach Geburt und Babypause favorisieren flexible Arbeit und sind genötigt, ihre Berufstätigkeit auf Teilzeit- oder Heimarbeit oder haushaltsnahe Tätigkeiten zu reduzieren, weil nur solche Jobs sich mit der Kinderversorgung kombinieren lassen (Maier 1997). Diese Jobs sind aber in der Regel niedriger entlohnt und häufiger prekär und ungeschützt. Jedes Kind wirkt somit als Risiko, auf der Karriere- und Verdienstleiter abzusteigen, und darüber vermittelt als Armutsrisiko. Dies zeigt sich am deutlichsten bei Alleinerziehenden, die zu 30% Sozialhilfe beziehen.

So basiert der post-fordistische Umbau von Haushalten auf einer integralen Mischung von Kontinuitäten und radikalen Umbrüchen in den Geschlechterverhältnissen. Die Feminisierung der Beschäftigung, Informalisierung von Arbeit und Deregulierung des Marktes bewirken das Ende des alten Normalarbeitsverhältnisses. Damit erodiert auch der implizite Geschlechtervertrag zwischen dem Ernährermann und der Hausfrau. Es kommt jedoch nicht zu einem neuen Ausgleichsabkommen in der Gesellschaft und zwischen den Geschlechtern: Weder die Männer noch der Staat lösen das Vereinbarkeitsproblem – es bleibt Frauensache. Nur wenige Männer wechseln mehr Windeln, bügeln ihre Oberhemden und putzen Fenster. Und das staatliche Angebot an Kinderbetreuung reicht bei weitem nicht aus, um die berufliche Mehrbelastung von Frauen durch Entlastung von Sorgearbeit zu kompensieren. So werden gesellschaftlich notwendige reproduktive Tätigkeiten nicht auf Grundlage des Solidarprinzips bewältigt, sondern müssen individuell im Privaten gemanagt werden.

Die flexible Haushaltsmanagerin

Arlie Russel Hochschilds Studie belegt eindrücklich, dass die Arbeitswelt zu einem gewichtigen Lebensmittelpunkt berufstätiger Frauen wird. In der von ihr untersuchten Gruppe qualifizierter Aufsteigerinnen haben sich Arbeitsrhythmus und Lebensstil an die von Männern angeglichen: hohe Arbeitsintensität bei gleichzeitig starker Konsum- und Freizeitorientierung. Dem männlichen *homo oeconomicus* gleich sind diese Frauen Mitglieder der globalen Konsumklasse. Auch wenn sich die Beschleunigung der Globalisierung in verschärftem Wettbewerb, Stress, erhöhter Arbeitsintensität und vor allem Zeitdruck umsetzt und professionelle Frauen nervt, so wirkt die Berufstätigkeit doch stark identitätsbildend: Sie ist Ort von sozialer Anerkennung und Befriedigung.

Diese Erwerbsidentitäten treten neben die aus familialer und häuslicher Verantwortung abgeleiteten Identitäten der Frauen, die in der Regel ungebrochen sind, oder konkurrieren mit ihnen. Gebrochen sind dagegen häufig männliche Identitäten. Ursache ist der neoliberale Umbau der Arbeitsmärkte und der Haushalte. Massenentlassungen infolge von Deindustrialisierung, Rationalisierung und Fusionen von den USA bis Südkorea haben dem Topos von Ernährer-Männlichkeit nicht nur die Gehaltsgrundlage und die Erwerbskontinuität unter den Füßen weggezogen. Informalisierung, Flexibilisierung und der Verlust sozialer Sicherheit greifen zunehmend in männliche Arbeitsmarktsegmente und Berufsbilder ein. Das beschädigt und unterminiert männliche Geschlechtsidentitäten, die sich wesentlich über wirtschaftliche Leistung und Ernährerfähigkeit definieren.

Verständnisvoll erklären die Journalisten Dieter Schnack und Thomas Gesterkamp den Kollaps männlicher Identität infolge von Erwerbslosigkeit damit, dass sie sich im Gegensatz zu Frauen »nicht auf Hausarbeit und/oder Kindererziehung zurückziehen können« (1998: 65). Weibliche Identität, so die herrschende gesellschaftliche Norm, wurzelt unabhängig von Berufstätigkeit in Werten jenseits von Erwerbsarbeit und Marktwirtschaft, nämlich in denen der Sorgeökonomie.

Frauen müssen mit ihren neuen Identitätskonstruktionen eine Balance zwischen ihrer Arbeits- und Lebenswelt finden und in ihrer Alltagspraxis Brücken zwischen beiden schlagen. Konkret manifestiert sich das Vereinbarkeitsdilemma als Frage verfügbarer Zeit und Energien. Zeitarmut ist die bedeutendste Alltagsdeterminante erwerbstätiger Mütter und macht viele zu gehetzten Frauen, zwischen Auftragslage im Job und Schlusszeiten des Kindergartens, zwischen Masern der Kleinen und Stechuhr im Betrieb. Sie versuchen, ihre Zeitnot durch ein Höchstmaß an Flexibilität, ein ausgefeiltes Zeitmanagement und eine Ökonomisierung der Sorge- und Hausarbeiten zu bewältigen (Hess 2002: 115).

Damit übertragen sie mit großer Selbstdisziplin und Eigenverantwortung das Effizienzprinzip der Erwerbsarbeit auf die Fürsorgearbeit. Genau dies wird auch gesellschaftlich von ihnen erwartet. Das neoliberale Frauenmodell ist die allseits flexible, multifunktionale und selbständige Alltagsmanagerin zwischen Markt und Haushalt, die mit unternehmerischen Fähigkeiten die Vereinbarkeit von Berufstätigkeit und häuslicher Arbeit rational organisiert, sozusagen als Ich-AG des Alltags.

Effizienzsteigerung und Rationalisierung in der Sorgeökonomie stoßen jedoch an eine zweifache Grenze: zum einen die Arbeitsintensität vieler Versorgungstätigkeiten, zum anderen die Menschlichkeit. Streicheleinheiten und emotionale Zuwendung für Kinder, Kranke und Alte lassen sich nicht rationalisieren. Erziehung, Körperpflege, Zuwendung sind nicht grenzenlos zu beschleunigen. Haushaltsmanagement lässt sich nicht auf Betriebsführung reduzieren, auch wenn es rationalen Strategien folgt. Die Sorgeökonomie funktioniert nach völlig anderen Prinzipien als die Marktökonomie: Solidarität, Kooperation und Zuneigung sind geradewegs Gegenprinzipien zu denen der Marktökonomie, nämlich Konkurrenz, Effizienz und Egoismus.

Rohstoff Sorgearbeit auf dem Weltmarkt

Mittelständische berufstätige Frauen managen ihren Haushalt vermittelt über den Markt durch preisgünstige Beschäftigungsarrangements, indem sie einen Teil der häuslichen und Familienarbeit an geringentlohnte Tagesmütter, Au Pairs, Reinigungskräfte, Altenpflegerinnen und Hausangestellte delegieren. Mit der Beschäftigung von Dienstleisterinnen wird reproduktive Arbeit vom unbezahlten in den bezahlten Sektor verschoben. Der Privathaushalt wird zum Erwerbsarbeitsplatz. In Deutschland beschäftigen fast 3 Millionen Privathaushalte – meist »schwarz« – eine Putz- oder Haushaltskraft. Die Gretchenfrage der Sorgearbeit wird also nicht durch Umverteilung zwischen den Geschlechtern, sondern durch Neuverteilung zwischen Frauen aus verschiedenen Klassen und Ethnien gelöst (Rerrich 2002, Lutz 2002). Die hierarchische Arbeitsteilung zwischen Männern und Frauen bleibt derweil intakt.

Erwerbsarbeit in Privathaushalten ist weltweit zur Boombranche geworden, wobei der Anteil von Migrantinnen, vor allem

Hausangestellte aller Länder organisieren sich

In vielen Metropolen streiten Hausangestellte für die Anerkennung als Lohnarbeiterinnen und für Arbeitsrechte. In Lateinamerika und der Karibik haben sie einen Berufsverband auf kontinentaler Ebene aufgebaut. In Hongkong kämpfen Migrantinnen und einheimische Hausangestellte erstmals zusammen. Dagegen sind Bündnisse zwischen feministischen Mittelschichtgruppen und gewerkschaftlichen Gruppen von Hausangestellten wegen des Klassengegensatzes schwierig.

RESPECT steht für Rights, Equality, Solidarity, Power, Europe, Cooperation Today, und ist ein europäisches Netzwerk zur Unterstützung von Migrantinnen, die in privaten Haushalten arbeiten. Es fordert die Anerkennung von Bildungs- und Berufsabschlüssen von Migrantinnen, eine legale Einreise für Haushaltshilfen und die Erteilung einer Arbeitserlaubnis.
www.respect-netz.de
www.solidar.org (link zu migrant worker)

von undokumentierten, wächst. Zunehmend findet »ethnisierte Umverteilung der Reproduktionsarbeit« zwischen Frauen in Privathaushalten statt (Hess 2002: 109). Sorgearbeit wird von transnationalen Agenturen auf dem Weltmarkt als begehrtes Exportgut gehandelt und ist z.B. von der philippinischen Regierung in ihre handels- und entwicklungspolitischen Strategien fest einkalkuliert. Die Mehrzahl der etwa 5,6 Millionen Migrantinnen aus den Philippinen arbeiten im Ausland als Hausangestellte und schicken jährlich acht Milliarden US-Dollar Devisen nach Hause (Lutz 2002: 91). Durch die Arbeit von Migrantinnen mit Kindern, Alten und Kranken werden Privathaushalte zu einem transnationalen, interkulturellen Ort: die Küche als Schauplatz der Globalisierung.

Die über den Weltmarkt organisierte »globale Sorgekette« führt an den verschiedensten Punkten zur Verschiebung und Umverteilung von Sorgearbeit zwischen Frauen. Durch Migration entstehen multilokale Verwandtschaftsstrukturen und eine Transnationalisierung von familiaren Netzwerken. Die niedrigen Telefonkosten ermöglichen zumindest eine minimale kommunikative Präsenz der MigrantInnen in ihren Haushalten. Trotzdem müssen die Ersatzmütter in den Haushalten im Norden oder in den Golfstaaten ihre Kinder wiederum in der Obhut von Ersatzmüttern im Süden, oft weiblichen Verwandten, lassen. Oder aber sie selbst beschäftigen eine minimal entlohnte Hausangestellte, z.B. ein junges Mädchen aus der Nachbarschaft.

Bei allen zwischen Öffentlichkeit und Privatheit pendelnden berufstätigen Frauen, ob sie nun Bankangestellte oder Hausangestellte sind, verschränken und verzahnen sich Privat- und öffentliche Sphäre neu. Die Linien sind nicht mehr trennscharf. Unverändert bleibt dagegen die Geringbewertung reproduktiver Tätigkeiten bzw. die Polarisierung der gesellschaftlichen Bewertung von Arbeiten. Sie wird wechselseitig verstärkt von der mittelständischen Arbeitgeberin, die eine Putz»hilfe« oder ein Kinder»mädchen« einstellt, und ebenso von der Migrantin, die für einen anderen Beruf ausgebildet ist und zu Hause verschweigt, dass sie als Hausangestellte arbeitet.

Aus feministischer Sicht ist unzweifelhaft, dass Sorgearbeit gesellschaftlich aufgewertet und der neoliberalen Polarisierung der Arbeitsbewertung entgegengesteuert werden muss. Doch eine Aufwertung von reproduktiver Arbeit, gleich ob sie nun monetär oder moralisch ist, allein bricht die geschlechtsspezifische Arbeitsteilung nicht auf. Sie könnte sie sogar zementieren, wenn sie nicht mit einer Übernahme von Sorgearbeit durch Männer und mit einer gleichgestellten Integration von Frauen in den Erwerbsarbeitsmarkt einhergeht. Insgesamt muss die geschlechtliche Kodierung und Zuweisung von Arbeit geknackt werden. Dies schließt die Gesamtheit von Arbeit – sowohl bezahlte als auch unbezahlte Arbeit – ein und muss eine quantitative Neuverteilung mit einer qualitativen Neubewertung verkoppeln.

6. Wie der Staat männlicher und die soziale Verantwortung weiblicher wird

Staatsumbau im Dienst von Standort und Wettbewerb
Das allgegenwärtige Stichwort Reform signalisiert: Ein Umbau des Staates ist in vollem Gange. Steuerreform, Rentenreform, Gesundheitsreform, Reform des Kündigungsschutzes – diese Schlagwörter sind das Programm für Sozialabbau, Deregulierung und eine Umstrukturierung der Politik.

Ein wesentliches Element deutscher Politik in der Nachkriegszeit war das Konzept des Wohlfahrtsstaats, der durch ein soziales Sicherheitsnetz mit Versicherungsschutz und staatlichen Transferleistungen das Gemeinwohl zu gewährleisten versprach. Existenzielle Risiken der BürgerInnen – Erwerbslosigkeit, Krankheit, Unfall, Alter – sollten nach dem Solidarprinzip abgefedert und aufgefangen werden. Der Staat vermittelte zwischen dem gesellschaftlichen Produktions- und Reproduktionsbereich durch ein Angebot von sozialen Diensten und Sicherheiten zur Risikominimierung. Das Solidarprinzip und die paritätische Beteiligung an der Sozialversicherung war das Kennzeichen des »rheinischen Kapitalismus«.

Im Zuge der neoliberalen Globalisierung tritt die Wettbewerbsstaatlichkeit in den Vordergrund und drängt die Wohlfahrts- und Sozialstaatlichkeit des rheinischen Kapitalismus ins Abseits. Die wichtigste Aufgabe des Wettbewerbsstaats ist, die komparativen Vorteile des Landes in der globalen Konkurrenzschlacht zu verbessern. Standortsicherung hat nun höchste politische Priorität. Das Ergebnis dieser Prioritätenverschiebung soll der verschlankte, an den globalen Wettbewerb und das neoliberale Regime angepasste Staat als Standortgarant sein. Dadurch verändern sich die Rolle und die Architektur des Staates, Machtfelder verschieben sich, vor allem aber wird das Verhältnis von Staat und Markt, von Politik und Ökonomie neu organisiert.

Als Antriebsfeder für den Rückzug der Staaten aus der Wirtschaft, Deregulierung und Sozialabbau, die zum globalen Umbauprogramm von Politik gehören, wirkt vor allem die Staatsverschuldung. Oberstes finanz- und wirtschaftspolitisches Ziel ist die Konsolidierung des Staatshaushalts – nicht sozialer Ausgleich oder eine Umverteilung von ökonomischen Ressourcen nach Maßgabe sozialer Gerechtigkeit. Die Wohlfahrtsorientierung – das wird im Rückblick immer deutlicher – war eine mütterliche und fürsorgliche Seite von »Vater Staat«. Diese feminisierte Seite wird nun abgebaut, und die maskuline Seite des Staates wird erneut verstärkt. »Jene Sektoren, die historisch eng mit Männlichkeit kodiert waren, nämlich Militär, Polizei und Bürokratie..., gewinnen im globalen Restrukturierungsprozess an Macht« (Sauer 2003: 106; 1998). »Weiche« Politikfelder – Soziales, Umwelt, Kultur, Entwicklungszusammenarbeit – werden abgespeckt und geschwächt, »harte« dagegen wie Finanzen und Sicherheit gestärkt und aufgerüstet. Dies geschieht derzeit durch mehrschichtige Prozesse:

- Deregulierung und Fokussierung auf den freien, eigenverantwortlichen und marktkompatiblen Bürger, den homo oeconomicus, der auf den neuen Märkten und in den Crashs und Krisen seine Leistungsmotivation hochschraubt und ebenso risiko- wie konkurrenzfreudig ist. Genau so ist das neue Modell der Börsenspekulanten- und Unternehmermännlichkeit in der globalisierten Wirtschaft konturiert. (Connell 1995)
- Die zunehmende »Marktförmigkeit« von Politik und Verwaltung, die mit der Verschlankung und dem Sozialabbau einhergehen. (Viviene Taylor nennt dies *Marketisation of Governance* 2000). Die Anpassung des öffentlichen Sektors an Markt- und Effizienzkriterien unter dem Banner des »New Public Management« hat für Frauen als Verwaltungsangestellte erhebliche Folgen. Denn in vielen Ländern ist die öffentliche Hand ein bedeutender Arbeitgeber für Frauen, der auch Gleichstellungsmaßnahmen durchführte. Wo der öffentliche Sektor jedoch nach Kriterien der Effizienz und des Qualitätsmanagements umgebaut und verschlankt wird, sind in der Regel geringqualifizierte Frauen das erste »Einsparpotenzial«. Wenn Teilbereiche öffentlicher Dienstleistungen privatisiert oder aber Arbeiten an die Privatwirtschaft ausgelagert wurden, werden Frauenförderauflagen über Bord geworfen, denn dort gelten sie als wettbewerbsverzerrend.
- Die derzeitige Remilitarisierung und Sicherheitspolitik, die sich gegen den Terrorismus und die internationale organisierte Kri-

minalität, aber auch allgemein gegen das »Fremde« und die Fremden abschottet und zur Wehr setzt. Es ist wehrhafte Standortsicherung.

Sozialabbau und die Feminisierung sozialer Verantwortung
Um die Löcher in den Staatshaushalten zu stopfen, kürzen Regierungen die öffentlichen Ausgaben im Sozialbereich, für Gesundheit und Erziehung, für Altersversorgung und Erwerbslose und dünnen die öffentliche Versorgung aus. Postämter und Fahrkartenschalter in Bahnhöfen werden geschlossen, Bus- und Bahnlinien stillgelegt, die Angebote öffentlicher Einrichtungen von Bibliotheken über Schwimmbäder bis Volkshochschulen werden reduziert, Kulturbetriebe auf Schmalspur gesetzt, Frauen-, Jugend und Bürgerprojekte abgewickelt.

Gespart wird zunächst durch das Prinzip der »Kostenteilung«. Mit dem Zwang zur Eigenbeteiligung und dem Appell an Eigenverantwortung werden die VerbraucherInnen bei öffentlichen Leistungen immer mehr zur Kasse gebeten. So steigen die Zuzahlungen für Medikamente, ärztliche und therapeutische Behandlung ebenso wie die Preise für den öffentlichen Nahverkehr, Studien- und Ausbildungsgebühren werden eingeführt. Die öffentliche Hand externalisiert soziale Aufgaben und Kosten.

Dieser Sozialabbau geschieht in den westlichen Industrienationen mit der Demontage des keynesianischen Wohlfahrtsstaats, im Süden im Zuge von Strukturanpassungsprogrammen in den hochverschuldeten, post-kolonialen Entwicklungsstaaten und im Osten mit dem Kollaps der real-sozialistisch autoritären Versorgungsregime. Unter den Kürzungen im Sozialbereich und den steigenden Nutzungsgebühren für die öffentlichen Dienste leiden die am meisten, die am stärksten auf erschwingliche Versorgungsleistungen angewiesen sind. Das sind mehrheitlich Frauen, vor allem alleinerziehende, geringqualifizierte und alte Frauen, denn laut UN-Statistiken stellen sie 70% der Armen weltweit.

Neben der Verschiebung von Kosten auf die NutzerInnen öffentlicher Dienstleistungen findet auch eine Verlagerung von sozialen Leistungen aus dem öffentlichen Sektor in die privaten Haushalte und lokalen Gemeinschaften statt. In den strukturangepassten Ländern des Südens übernehmen Frauen wirtschaftliche und soziale Versorgungsleistungen in ihre subsistenzorientierte Ökonomie und in kollektive Auffangsysteme in Frauengruppen.

Sie tragen die Hauptlast der sozialen Anpassungskosten durch Mehrarbeit. Die Entlastung der Staaten von sozialer Verantwortung und die Belastung von Frauen sind zwei Seiten derselben Medaille. Dies ist möglich durch Formen des Wirtschaftens, die stärker auf Wechselseitigkeit, nachbarschaftlicher Hilfe und einer Moral des Teilens beruhen. Aufgrund solcher »Solidaritätskapazitäten« (Lachenmann 1997) pflegen die viel gepriesenen Selbsthilfe-Gruppen das Gemeinwohl, federn soziale Härten ab und organisieren das Überleben unter höchster Risikobelastung. Auch wenn sie häufig nur Schadensbegrenzung von Armut und sozialer Not betreiben können, sind sie eine kollektive Antwort auf die materielle und soziale Verunsicherung, die die Einzelnen überfordert. Sie sind eine Manifestation des Solidarprinzips jenseits von Staatlichkeit, während die herkömmlichen Familien- und Sozialstrukturen und die soziale Verantwortung des Staates kollabieren.

In den Industrienationen, wo der Sozialabbau das soziale Netz zerreißt, werden nach dem Subsidiaritätsprinzip die privaten Haushalte und zivilgesellschaftliche Kräfte mobilisiert. Soziale und personennahe Dienstleistungen übernehmen mehrheitlich Frauen, die im Rahmen der geschlechtsspezifischen Arbeitsteilung ohnehin schon ein Abonnement auf die Sorge- und Sozialarbeiten haben. Zwar wird die Verschiebung von sozialen Leistungen aus dem öffentlichen Sektor in die Privathaushalte mit Appellen an die Eigenverantwortung ideologisch gepolstert, doch sie hat handfeste marktökonomische Gründe.

Unter der Diktatur des Rotstifts werden soziale Dienstleistungen wie industrielle Arbeit der Effizienzlogik und einem neoliberalen Qualitätsmanagement unterstellt. Doch da sich Pflege- und Sorgearbeit wie viele personenbezogene Dienstleistungen nur beschränkt rationalisieren lassen, sind sie zu langsam und zu teuer auf dem Erwerbsarbeitsmarkt. Folglich werden sie auf das Notwendigste beschränkt, während der Rest aus dem Markt ins Private katapultiert wird. Exemplarisch zeigen die Module der Altenpflege, wie jede Handreichung im Minutentakt ihren kommerziellen Marktpreis bekommt und Beziehungsarbeit und Zuneigung, kurz: die Streicheleinheiten von der technischen Dienstleistung abgespalten werden. Die Fürsorge hat keinen Platz in der Marktökonomie.

Beispiel Gesundheitsversorgung: Das öffentliche Gesundheitssystem in Afrika ist mit der Pflege der AIDS-Kranken völlig überfordert. Sie wird in den Familien geleistet, überwiegend von Frauen. In Osteuropa nennen die Frauen es »Zwangsfreiwilligkeit«, wenn sie ihren Angehörigen im Krankenhaus die Mahlzeiten liefern, die Bettwäsche waschen und den Boden putzen. Aber auch in den Industrienationen findet eine Rückverlagerung von Pflege- und Sorgearbeit in die Privatsphäre statt. In Deutschland wäre eine Reihe von Krankenhäusern ohne die »grünen Brigaden« ehrenamtlicher Helferinnen aus der Gemeinde kaum noch versorgungstüchtig. Genau die Pflege und Fürsorge, die aus Kostengründen aus dem Erwerbsmarkt herausgedrängt wird, übernehmen wiederum Frauen in ihre unbezahlte Arbeitsökonomie, indem sie z.B. Familienangehörige zu Hause pflegen, die nach Operationen »standardisiert« entlassen werden. Bezahlte, überwiegend von Frauen geleistete Dienste werden auf diese Weise in unbezahlte Arbeit rückverwandelt. Frauen verlieren existenzsichernde Jobs und bekommen unbezahlte Arbeit aufgebürdet.

Wenn soziale Aufgaben von der Kinderbetreuung bis zur Altenpflege in die Privatsphäre rückverwiesen werden, sind Frauen als Stoßdämpfer des Sozialabbaus eingeplant, individuell in den privaten Haushalten oder kollektiv in ehrenamtlichen Gruppierungen. Genau in diesem Kontext ist die Renaissance des Ehrenamts zu sehen. Staatlicher Sparkurs und die Konjunktur des Ehrenamts treten als Verbundsystem auf. 80% der sozialen Freiwilligenarbeit in Deutschland wird von Frauen geleistet (Notz 1998). Männer dominieren dagegen das politische Ehrenamt, beim Sport und bei der freiwilligen Feuerwehr.

Da primär Frauen den staatlichen Sozialabbau auffangen und abfedern, kommt es zu einer Feminisierung sozialer Verantwortung. Diese basiert auf der geschlechtshierarchischen Arbeitsteilung, die trotz aller durch die Dynamik der Globalisierung ausgelösten Turbulenzen in den individuellen Biographien und den Geschlechterverhältnissen und trotz der Veränderungen auf den Märkten wundersam intakt blieb. Frauen fungieren als Airbags der sozialen Krise und des Sozialabbaus.

Der Ausverkauf des Gemeinwohls

Parallel zur Verschiebung sozialer Kosten und Aufgaben in die Privathaushalte und die Eigenverantwortung der Einzelnen findet eine Preisgabe öffentlicher Versorgungsstrukturen und -leistungen an den Markt statt. Durch den (Teil-)Verkauf öffentlicher Einrichtungen und Infrastruktur an Privatunternehmen versuchen Kommunen und Staat ihre leeren Kassen zu füllen und die überforderten Haushalte zu entlasten.

In Sachen Privatisierung öffentlicher Betriebe und Versorgungsleistungen haben die Länder des Südens einen Erfahrungsvorsprung. IWF und Weltbank setzten Strukturanpassungsprogramme mit den Standardmaßnahmen – Exportorientierung, Importliberalisierung, Privatisierung – mit dem makro-ökonomischen Ziel durch, die Staatshaushalte zwecks Schuldentilgung zu konsolidieren. Wo Privatunternehmen die Grundversorgung auf dem Markt als Ware anbieten, wird sie für die Reichen zum Konsumgut, für die Armen zum unerschwinglichen Luxus. Ihr Menschenrecht auf Bildung, Gesundheit, Wasser und andere öffentliche Güter bleibt auf der Strecke. Als Folge hat sich bereits in vielen Ländern ein Zwei-Klassen-System z.B. der medizinischen und schulischen Versorgung entwickelt, das den Widerspruch von öffentlicher Armut und privatem Reichtum reflektiert: Spitzenqualität in teuren Privatkrankenhäusern und Privatschulen, keine Medikamente und keine Schulbücher im öffentlichen Sektor. Dies polarisiert die Gesellschaften und verstetigt Armut, weil die Armen durch die öffentlichen Dienste schlechter versorgt werden. Die Einführung des Kostendeckungsprinzips öffentlicher Güter wie Bildung, Gesundheit und Wasser bereitet die Privatisierung maroder öffentlicher Einrichtungen vor. Denn kostendeckende Bewirtschaftung lockt Investoren an. Das oberste Ziel privater Service-Anbieter ist Rentabilität. Deshalb investieren sie dort, wo sie Gewinne machen können. Unrentable Bereiche überlassen sie der öffentlichen Hand. Entsprechend steigen die Multi-Utility-Konzerne z.B. vorzugsweise in den Stadtvierteln in die Wasserversorgung ein, wo zahlungsfähige Kundschaft wohnt, bevorzugen Schwellenländer vor armen Ländern, bieten marktkompatible Fortbildung für die Besserverdienenden an, versichern lieber Männer als Frauen, weil die wegen Schwangerschaften und Geburten sowie ihrer längeren Lebensdauer ein »höheres Risiko«

darstellen. So werden weltweit Gemeinschaftsgüter und öffentliche Dienstleistungen von der Müllabfuhr bis zur Kanalisation selektiv privatisiert. Die Unternehmen picken sich die Rosinen aus dem öffentlichen Kuchen.

Das Ziel der Rentabilität bestimmt auch die Dienstleistung selbst: Quantität hat Vorrang vor Qualität. Möglichst viele Operationen mit Einsatz teurer Apparatemedizin, möglichst viel Energie, egal ob unökologisch, Wasserversorgung ohne Rücksicht auf Qualität und Verluste, sprich: ohne Interesse am Ressourcensparen, denn das würde ein kostenaufwendiges Flicken von Wasserleitungen erfordern. Ökologische und soziale Kosten werden externalisiert – und größtenteils von Frauen übernommen. In Großbritannien verschlechterte sich z.B. die Wasserqualität nach der Privatisierung, Kleinkinder litten häufiger an Durchfall, die Frauen hatten Mehrarbeit durch Wasserabkochen.

Diejenigen, die es sich leisten können, betreiben private Risikovorsorge und kaufen sich eine teure Versorgung von privaten Anbietern, von der privaten Krankenversicherung bis zu den Pensionsfonds. Prototypisch für die Preisgabe sozialer Sicherheit an den Markt war der Gang privater Pensionsfonds an die Börse: soziale Sicherheit als Aktie. Sie floatiert frei, statt in einen Gesellschaftsvertrag eingebunden zu werden, der die sozialen Lasten und sozialen Leistungen verteilt.

Daseinsvorsorge als Ware

Die Tendenz zur Privatisierung im öffentlichen Sektor wird durch das GATS, das Allgemeine Abkommen zum Handel mit Dienstleistung, forciert. 1995 als multilaterales Abkommen verabschiedet, zielt GATS auf die Liberalisierung sämtlicher Dienstleistungsmärkte, darunter auch die, die bisher als öffentliche Dienste betrieben werden. Im November 2001 einigte sich die WTO-Ministerkonferenz in Doha auf eine neue Verhandlungsrunde, bis 2005 soll GATS unter Dach und Fach sein (Fritz/Scherrer 2002).

GATS ist ein Abkommen zwischen Regierungen, die hinter verschlossenen Türen verhandeln, ohne Parlamente oder Öffentlichkeiten in Entscheidungen einzubeziehen, die tief in nationale Politiken, das Gemeinwohl, öffentliche Güter und das Wohlergehen der Einzelnen einschneiden. Diese Geheimniskrämerei missachtet jede Demokratie. Die EU, die das Verhandlungsmandat

Stoppt GATS

Das **frauennetz attac** organisierte im Mai 2003 in Köln den ersten internationalen Kongress zu »Dienste ohne Grenzen – GATS, Privatisierung und die Folgen für Frauen«. Die Forderung »Stoppt GATS!« wurde bekräftigt und als Strategie u.a. die Einrichtung von GATS-freien Kommunen, Zonen und Institutionen ins Auge gefasst.
www.attac.de/frauennetz

In der Karibik hat das Frauennetzwerk **CAFRA** die Initiative *Look First (Full Impact Review and Screening of Trade)* ins Leben gerufen. Bisher wird keine Auswertung der sozialen Folgen und Kosten der WTO-Handelsabkommen durchgeführt, obwohl dies im Mandat der WTO liegt. Allein aus diesem Grund, also ohne solche Überprüfungen darf auf keinen Fall über die Köpfe der Betroffenen hinweg weiterverhandelt werden. Die WTO sperrt sich jedoch gegen jegliche entscheidungsrelevante Partizipation von NRO.
Systematisch arbeitet **IGTN**, *International Gender and Trade Network*, zur WTO-Politik:
www.genderandtrade.net

für ihre Mitgliedsländer hat, erklärt freimütig, dass GATS »vor allem ein Instrument zum Wohle der Unternehmen ist.« Von sozialer Gerechtigkeit, von sozialen und ökologischen Kosten ist genauswenig die Rede wie von Frauen, die in allen Gesellschaften die wichtigsten Dienstleisterinnen und Daseinsvorsorgerinnen sind.

GATS ist kein Instrument fürs Gemeinwohl, das öffentliche Güter und Leistungen allen zugänglich macht, weil sie einen menschenrechtlichen Anspruch und ein bürgerschaftliches Anrecht haben. Liberalisierung und Privatisierung machen sie vielmehr denen zugänglich, die die Kaufkraft haben. Versorgung wird dort geleistet, wo zahlungsfähige Nachfrage ist, nicht dort, wo Bedürftigkeit und ein Rechtsanspruch sind. GATS ignoriert, dass die Daseinsvorsorge sich nicht in einen Supermarkt von Produkten und Dienstleistungen mit Marktpreisen zerlegen lässt, dass Bildung, Gesundheit, Wasser, soziale Sicherheit und Sicherheit im Alter den gemeinschaftlichen Wohlstand einer Gesellschaft, ihre menschlichen und sozialen Kapazitäten und Entwicklungspotenziale darstellen.

GATS torpediert, dass diese öffentlichen Güter nach dem Solidarprinzip bewirtschaftet werden. Indem die Eigenverantwortung an die Stelle von Solidarität und die individuelle Leistungs-

Daseinsvorsorge als Ware **73**

und Zahlungsfähigkeit an die Stelle der Quersubventionierung zwischen Gesunden und Kranken, Jungen und Alten, besser und schlechter Verdienenden, Erwerbstätigen und Erwerbslosen treten, wird die Sozialstaatlichkeit torpediert. Liberalisierung und Privatisierung führen nicht zum Versorgungsausgleich, sondern zu Versorgungsungleichheit und zu einer Polarisierung des Angebots sozialer Dienste. Frauen, die sich eine teure Daseinsvorsorge nicht kaufen können, leiden in besonderem Maße unter der Verknappung öffentlicher Mittel und der Verschlechterung öffentlicher Versorgung und sind auf soziale Transferleistungen und Umverteilung angewiesen.

Wie das Prinzip privater Versicherung so haben auch die GATS-Klauseln zur »Nicht-Diskriminierung« von Unternehmen und der Notwendigkeitstest für staatliche Regulierung einen doppelten Effekt: Sie verteilen öffentliche Mittel an privatwirtschaftliche Investoren und kommerzielle Dienstleister um, d.h. sie trocknen Staatshaushalte weiter aus, und sie bauen staatliche Regulierung, die im öffentlichen Interesse stattfand, ab. Ausländische und inländische, private und öffentliche Anbieter sollen gleiche Wettbewerbschancen haben. Unterstützt eine Regierung Bildungs- und Gesundheitsangebote durch Frauenprojekte, dann muss sie diese Zuwendung nach den Nicht-Diskriminierungs-Klauseln in GATS auch privaten Bildungs- und Gesundheitskonzernen zukommen lassen, die von Geschlechtersensibilität unbeleckt sind. Neben der weiteren Verarmung der öffentlichen Hand führt dies zum Abbau der Gerechtigkeits- und Gleichstellungsorientierung, die im öffentlichen Sektor vieler Länder ein politisches Leitbild war. Die Privatwirtschaft lässt sich jedenfalls keine Frauenförderauflage und keine Quote vorschreiben.

Gleichzeitig stellt Liberalisierung im Bereich der Daseinsvorsorge alle Angebote unter Konkurrenzdruck. Öffentliche und private Anbieter auf dem Dienstleistungsmarkt sind aber umso wettbewerbsfähiger, je niedriger sie ihre Lohnkosten halten und je mehr sie die Arbeitsintensität erhöhen. Sparen können sie, wenn sie verschlanken, d.h. entlassen oder Beschäftigung flexibilisieren, d.h. sie z.B. in Billig-Jobs und unsichere Teilzeit- und Abrufarbeit verwandeln. Dies trifft Frauen als erste. Der Konkurrenzdruck forciert die derzeitige Informalisierung und Deregulierung von Beschäftigung, das *Outsourcing* und die Fragmentierung von Arbeit und insgesamt den Arbeitsstress. Auch die Frauen, die gezwungen sind, sich selbst einen Arbeitsplatz zu schaffen, indem sie sich in eine dienstleistende Ich-AG verwandeln, sind nur konkurrenzfähig, wenn sie ihre Arbeitskraft extrem billig anbieten.

Die WTO spricht von wunderbaren Beschäftigungseffekten durch GATS. Die werden jedoch vor allem in einem Zuwachs an prekären, schlechtbezahlten Jobs für Frauen bestehen. Gleichzeitig wird sichere, rechtlich geschützte und existenzsichernde Beschäftigung im Dienstleistungssektor abgebaut. Der Druck auf die Lohnkosten wächst unter den verschärften Konkurrenzbedingungen. Und diese Entwicklung findet zu einem großen Teil auf dem Rücken dienstleistender Frauen statt.

So zeigen alle bisherigen Erfahrungen, dass Frauen als die Sisyphosarbeiterinnen der Daseinsvorsorge im Alltag von Sozialabbau, Liberalisierung im öffentlichen Sektor und Privatisierung anders und heftiger betroffen sind als Männer, und zwar dreifach: als Arbeitnehmerinnen, als Nutznießerinnen öffentlicher Dienste und als unbezahlte Sorgearbeiterinnen. Die derzeitige Reform in der Politik und der neoliberale Umbau des Staates gehen mit einer Deregulierung des Sozialen einher. Die Entlastung der Staaten geht stark zu Lasten von Frauen. Zu »weniger Staat, mehr Markt« als zwei Seiten der Liberalisierungsmedaille kommt mehr (weibliche) »Eigenarbeit« und »BürgerInnenarbeit« als Schmierfett für die sozialen Reibungsflächen hinzu. Mit ihrer Sorgearbeit spielen Frauen beim neoliberalen Staatsumbau eine ebenso wichtige strategische Rolle wie mit ihrer geringbezahlten Arbeit beim Umbau der Märkte. Sie übernehmen einen Großteil der sozialen und einige der ökologischen Kosten, die die Staaten und die Märkte externalisieren. Damit fungieren sie als gesellschaftliche Pufferzone für den Umbau von der Sozialstaatlichkeit zur Wettbewerbsstaatlichkeit.

7. Das Private ist politisch, aber auch das Globale, das Nationale, das Lokale ...

Frauen-Mitmacht bei Global Governance

Börsencrashs und Klimawandel, transnationale Gewaltmärkte und neue epidemische Krankheiten – globale Probleme brauchen globale Antworten. Da sie die Problemlösungskapazitäten und Kompetenzen einzelner Nationalstaaten überfordern, werden Problemlösungssuche und Regulierungsaufgaben von der nationalen Ebene an internationale politische Institutionen und Regime abgegeben. *Global Governance* – supranationale Politikregime – sind zu neuen Hoffnungsträgern beim Management transnationaler Problemkonstellationen und Krisen geworden.

Nach dem Ende der bipolaren Weltordnung traten die Vereinten Nationen mit einem aufpolierten Selbstverständnis als globale Regulierungsinstanz auf den Plan. Als sie Anfang der 1990er Jahre ankündigten, mit einer Serie von Konferenzen Normen und Regelwerke für eine neue Weltordnungspolitik aushandeln zu wollen, meldeten Frauenorganisationen und -netzwerke so dezidiert wie nie zuvor Partizipationsansprüche an.

Von den Konferenzen gingen Mobilisierungs- und Sammlungsimpulse auf die vielfältigen, parallel, aber oft unverbunden agierenden Frauenbewegungen und NRO aus und weckten Hoffnungen auf einen partizipatorischen Durchbruch von Frauen und für ihre Anliegen.

Die Vereinten Nationen riefen als Handlungsprinzip für die neue Phase multilateraler Politik »Partnerschaft« aus, Partnerschaft zwischen Nord, Süd und Ost, aber auch zwischen Regierungen, Zivilgesellschaft und der Privatwirtschaft. Auf Druck der zivilgesellschaftlichen Kräfte hin öffneten sie Zugänge zu Gremien und Verhandlungen und akzeptierten NRO zunehmend als Hilfstruppe zur Beratung, Zulieferung von Ideen und Beschaffung politischer Legitimation.

Frauen, als Jahrhunderte lang staatsbürgerlich Ausgegrenzte, ließen sich mit hohem Engagement auf diese Verhandlungskultur ein, weil sie glaubten, in dieser historischen Situation durch

1992 UN-Konferenz zu Umwelt und Entwicklung in Rio de Janeiro
1993 UN-Menschenrechtskonferenz in Wien
1994 UN-Konferenz zu Bevölkerung und Entwicklung in Kairo
1995 Weltsozialgipfel in Kopenhagen
1995 4. Weltfrauenkonferenz in Peking
1996 Weltsiedlungskonferenz in Istanbul
1996 Welternährungsgipfel in Rom

Kooperation mehr erreichen zu können als mit den früheren konfrontativen Politikformen autonomer Frauenbewegungen. Frauenrechtlich betrachtet war dies die Fortsetzung des Kampfes um Anerkennung als politische Subjekte und Teilhabe an politischer Macht – nun auf internationaler Ebene.

Die transnationalen Netzwerke, die sich um die Achse der UN-Konferenzen aufbauten und sich strategisch auf die Beeinflussung internationaler Politikregime ausrichteten, verstanden sich selbst als neue internationale Frauenbewegung oder *Global Women's Lobby* (Alvarez 1999, Dackweiler/Schäfer 2000, Wichterich 2000). Die Organisationsidentität der sehr unterschiedlichen Gruppierungen, die sich hier vernetzten und kooperierten, bestand in einer Kombination aus frauenpolitischem Engagement oder feministisch-emanzipativer Bewegtheit einerseits, und andererseits aus spezialisierter Kompetenz und Professionalität.

Die inhaltliche Grundlage für das Einmischen in internationale Politik war, dass immer mehr Frauenorganisationen an das Menschenrechtskonzept der Vereinten Nationen anknüpften (Bunch 1990; Cook 1993; Kerr 1993; Tomasevski 1993; Schuler 1995; Peters/Wolper 1995). Dabei definierten sie es aus feministischer Perspektive neu, vor allem durch eine Erweiterung aus der öffentlichen in die Privatsphäre hinein (Cladem 1998). Rechte wurden im Rahmen einer *Empowerment*-Strategie für Frauen als »Schlüsselbereiche von Macht« (Held 1995: 173) gesehen. Freiheit von allen Formen von Gewalt gegen Frauen im öffentlichen wie im privaten Raum fungierte dabei als zentrale universelle Kategorie, die eine große Mobilisierungs- und Solidarisierungswirkung in der internationalen Frauenbewegung entfaltete.

Auf diese Weise gab das Menschen-/Frauenrechtsparadigma den sehr unterschiedlichen Frauenbewegungen und -organisationen aus den verschiedenen Kontinenten und Kulturen eine normative Leitplanke und einen gemeinsamen ethischen Referenz-rahmen vor (Holthaus/Klingebiel 1998). Die Frauen hofften, dass die UN Frauenrechte und Bedingungen für Geschlechtergleich-stellung festschreiben würden und damit weltweit Akzente für gerechtere Geschlechterverhältnisse und die nationalstaatlichen Regierungen unter Handlungsdruck setzen könnten.

Als diese Bewegung von Konferenz zu Konferenz laufen lern-te, professionalisierte sie ihre Methoden, perfektionierte ihre In-strumente und schuf eigene Politikformen und eine eigene poli-tische Kultur: Der *Women's Caucus* fungierte als Interessenver-tretungsgruppe und Speerspitze des Lobbying bei den Konfe-renzen, Frauenzelte und -räume auf den globalen NGO-Foren, die als zivilgesellschaftliche »Gegengipfel« zu den Regierungs-konferenzen veranstaltet wurden, waren diskursive Kristallisati-onsorte für Positionsfindung und Vernetzung, Tribunale wurden öffentlichkeitswirksam zur Thematisierung eigener Sichtweisen und Forderungen inszeniert.

Lobbying und *Mainstreaming* bei Konferenzverhandlungen waren die beiden zentralen Taktiken beim langen Frauenmarsch hinein in die multilaterale Politik. Mit dieser pragmatischen Stra-tegie der kleinen Schritte sollten Institutionen und Inhalte der *Global Governance* beeinflusst werden. Verhandeln aber nötigt, sich an die Spielregeln zu halten und auf die politischen Vorla-gen einzulassen, machbare Alternativen zu entwerfen, realpoli-tisch kompatibel und anschlussfähig an den *Mainstream* zu ar-gumentieren. Ziel waren Kompromisse und Konsensdokumente.

So flossen enorme politische Energien in die Ausformulierung von UN-Dokumenten und internationalen Abkommen, um Frau-enrechte zu verankern und eine geschlechtersensible Perspekti-ve einzufügen (Dorsay 1997, Meyer/Prugl 1999, Holland-Cunz/Ruppert 2000). Und tatsächlich brachte das Lobbying Wahrneh-mungserfolge für die Aktivistinnen und Fortschritte auf der sprachlichen Ebene: Die Geschlechtervergessenheit internationa-ler Politik wurde korrigiert, die internationale politische Agenda wurde um Frauenrechtsansprüche und eine Anerkennung von Frauen als Akteurinnen erweitert.

Gleichzeitig erfuhren Frauenorganisationen jedoch, dass mehr Partizipation nicht automatisch ein Mehr an politischem Einfluss gewährleistet und dass Zugang zu Gremien, Delegationen und

Verhandlungen für NRO keineswegs Teilhabe an Entscheidungsmacht bedeutet. Während der privatwirtschaftliche Einfluss auf die Politik merklich wuchs, gestalteten sich die staatlich/nichtstaatlichen Verhandlungsbeziehungen immer wieder als Tango: hier Attraktion, dort Repulsion, hier Öffnung, dort Schließung.

Einflussradien, Spielräume und Spielregeln waren klar abgesteckt: Geschlechter- und ressortpolitische Kompetenz aus Frauen-NRO wurde abgerufen, Frauenforderungen wurden in das vorgegebene politische Programmgerüst sozial-technokratisch an- und eingepasst, Kritik kleinbuchstabiert und eingebunden. Der Preis des Konsenses zeigt sich prototypisch an der Übernahme kritischer Begriffe aus sozialen Bewegungen in die politische Rhetorik wie z.B. des *Empowerment*-Begriffs, der weichgespült und seiner herrschaftskritischen Substanz entkernt wurde.

Taktisch war es sinnvoll, die UN-Großereignisse für das öffentliche Thematisieren und Politisieren von Frauenproblemen und -interessen zu nutzen. Die internationale Frauenbewegung schaffte den Sprung in neue transnationale Politikfelder und Handlungsformen. Dadurch hatten die frauenpolitischen Interventionen gewiss eine Innovations- und Modernisierungsfunktion für die internationale Politik – eine Transformationswirkung hatten sie dagegen nicht. Korrekturen konnten ausgeübt werden, aber keine Kontrolle. Und es zeigte sich deutlich, dass Verhandlungsräume und Gestaltungschancen sich umso weniger öffnen, je härter die Ressorts und Politikfelder sind, d.h. je näher sie am Machtkartell von Finanz-, Wirtschafts-, Sicherheits- und konventioneller Außenpolitik, den sog. *high politics* sind. (Ruppert [Hrsg.]1998; Wichterich 2000)

Neoliberale Skylla und fundamentalistische Charybdis
Bei den letzten Etappen des Konferenzmarathons ließen sich gegenläufige Entwicklungen beobachten: Einerseits wuchs die öffentliche und staatliche Akzeptanz gegenüber den Frauen-NRO, andererseits stießen sie auf inhaltliche Blockaden und einen *backlash*. Bereits 1994 bei der Weltbevölkerungskonferenz in Kairo hatten sich anti-emanzipatorische Gegenkräfte aus religiös fundamentalistischen Strömungen formiert. Ihr patriarchaler Wertekonservatismus drängte die Frauenlobby aus der Offensive in die Defensive. Hauptanliegen der Lobbyistinnen war nun, die frau-

enrechtlichen Fortschritte der ersten Konferenzen gegen die Reaktion zu verteidigen und Besitzstandswahrung zu betreiben. Durch eine Allianz mit der Bush-Administration erstarkte die Bremserfraktion in jüngster Zeit.

Die zweite Ursache für den Erfolgseinbruch der internationalen Frauenbewegung lag im neoliberalen Umbau von Politik weltweit. Viel deutlicher als zu Beginn stand die Konferenzserie ab Mitte der 90er Jahre unter dem Vorzeichen wirtschaftlicher Liberalisierung, staatlichen Sozialabbaus und des Rückzugs des Staates aus der Ökonomie. Es mangelte an politischem Willen und erst recht an Finanzierungsbereitschaft für pro-aktive Gleichstellungsmaßnahmen und eine emanzipatorische Frauenpolitik, für Schutz- und Förderregelungen für benachteiligte Gruppen und eine soziale Umverteilungspolitik.

Während einerseits konservative und fundamentalistische Kräfte versuchten, geschlechterpolitische Fortschritte zurückzuschrauben, definierte das neoliberale Regime Frauenförderung als Wettbewerbshindernis und nutzte Geschlechterungleichheiten strukturell aus. Beide Tendenzen erstarkten in den letzten Jahren und entwickelten ihre eigenen Rechts- und Justizsysteme jenseits des Menschenrechts- und Frauenrechtsparadigmas: der Neoliberalismus mit der WTO und der Neokonservatismus sowie die diversen Fundamentalismen mit eigenen Rechtsdeutungen und -vollzügen.

Gigi Francisco vom Süd-Frauen-Netzwerk DAWN nannte die wichtigste Lektion, die Frauennetzwerke im vergangenen Jahrzehnt lernten: »Während wir voll damit beschäftigt waren, de jure Rechte, formale Programme und institutionelle Mechanismen für Frauen durchzusetzen, haben wir es verpasst, auf neue Trends der Vermarktung und des konservativen Rückschlags im Zuge der Widersprüche der Globalisierung zu reagieren. Sie höhlten systematisch die Chancen für Frauen, vor allem für arme Frauen, aus, in den Genuss der de jure Rechte und Freiheiten zu kommen.« (2002)

Die Fixierung der Frauen-NRO auf die Aushandlung der Konferenzdokumente basierte auf einem Paket politischer Fehleinschätzungen: eine Überschätzung der politischen Macht der Vereinten Nationen und eine übersteigerte Hoffnung auf die normative Kraft und den Umsetzungsautomatismus der politischen Programme. Das arbeitsintensive Engagement bei den UN-Großereignissen war zwar eine wichtige strategische Experimentier- und Lernerfahrung der globalisierten Frauenbewegung, aber von seiner politischen Wirksamkeit und seiner Transformationskraft her höchst begrenzt. Zum einen erwiesen sich die politischen Handlungsfelder, auf denen die Frauen kämpften, als relativ macht- und bedeutungslos. Partizipative Vorstöße gelangen bislang nur in die weicheren, nämlich sozialen, kulturellen und ökologischen Außenringe von UN-Politik. Zum anderen verloren die UN mit ihrem menschenrechtsorientierten Multilateralismus als globaler Akteur an Bedeutung. *Global Governance* formierte sich nur wenig nach demokratischen Spielregeln unter dem Dach der UN, sondern ökonomische und politische Gestaltungsmacht übernahmen die Global Players, die supranationalen Finanz- und Handelsorganisationen, vor allem die WTO, das Machtkartell der OECD-Regierungen und die USA im hegemonialen Alleingang.

Mainstreaming: mitschwimmen oder untergehen?

Aus der Aktionsplattform von Peking griffen Frauenorganisationen wie auch politische Institutionen eine Strategie als neue Zauberformel zur Veränderung von Geschlechterordnungen weltweit auf: das *Gender Mainstreaming*. Das neue Rezept mit dem Anspruch universeller Anwendbarkeit soll Frauen- und Geschlechterpolitik allüberall aus den lila Nischen oder Alibi-Ecken herausholen und stattdessen eine Geschlechterperspektive querschnittig und als Routine in allen Ressorts, Sektoren und Programmen institutionalisieren, Männer einbinden und die Partizipation von Frauen, vor allem ihren Zugang zu Entscheidungsmacht und Führungspositionen, stärken.

Die EU erklärte *Gender Mainstreaming* im 1999 ratifizierten Amsterdamer Vertrag zur Pflichtübung, die Bundesregierung erkannte es 1999 als Querschnittsaufgabe an. Bemerkenswert ist, dass der Mainstreaming-Ansatz als institutionelle Strategie »von oben« ausgerufen wird: Ausgehend von den Führungsetagen soll die Verantwortung an die gesamte Institution oder Organisation übergehen, statt lediglich bei einer Gleichstellungsbeauftragten oder -stelle zu liegen.

Das *Gender Mainstreaming* hat zwei Herkünfte: zum einen das us-amerikanische Management-Konzept von Diversity, der unternehmensinternen Vielfalt, zum anderen entwicklungspoliti-

»Take the global and make it local!«
nahmen Aktivistinnen als Devise aus UN-Prozessen mit nach Hause. Dort lernten sie zunehmend, internationale Übereinkommen und Aktionspläne als Berufungsgrundlage für die nationale Politik zu nutzen. Unter Globalisierungsbedingungen gewinnen supranationale Regelwerke und Politikprogrammatiken als Referenzsysteme an Bedeutung auf nationaler Ebene.

So haben Frauenorganisationen in mehreren Ländern die Anti-Diskriminierungskonvention (CEDAW) bei der nationalen Gesetz- und Verfassungsgebung in den letzten Jahren genutzt (Pansieri 2000). Außerdem gelang es Frauenrechtsnetzwerken, im Nachgang zur UN-Menschenrechtskonferenz in Wien ein Individualbeschwerdeverfahren zur Anti-Diskriminierungskonvention bei den UN durchzusetzen. Damit wird ein internationales Instrument, eine völkerrechtlich verbindliche Konvention, individuell zugänglich und nutzbar und ein direkter Bogen zwischen der internationalen und der lokalen Ebene geschlagen. Dies ist bei Frauenrechtsverletzungen in autoritären und konservativen Staaten eine wichtige Möglichkeit, unter Umgehung von Regierungsinstanzen zu Recht zu kommen.

Bei der 4. Weltfrauenkonferenz in Peking ließen Frauen-NRO und -Netzwerke ihre politischen Muskeln spielen: Sie wollten Watch-Dogs auf allen politischen Ebenen sein und die Umsetzung der Peking-Beschlüsse durch Regierungen wie internationale Institutionen »monitoren«.

Eine Form der Überprüfung von nationaler Politik sind »Schattenberichte«, die NRO als Korrektiv zu den Umsetzungsberichten verfassen, die Regierungen turnusgemäß an die UN liefern müssen.

Zur kritischen Beobachtung der Weltbank gründete sich *Women's Eye on the Worldbank*, eine Organisation mit Sitz in Mexiko, die später ihren Kontrollbereich erweiterte und sich *Women's Eye on the Multilaterals* nannte.

sche Programme, mit denen Expertinnen praktischen und strategischen Interessen von Frauen und geschlechtsspezifischen Unterschieden in allen Sektorpolitiken Beachtung verschaffen wollten (Braunmühl 2001/2). Entsprechend dieser unterschiedlichen Ursprünge fließen im *Gender Mainstreaming* technokratische und frauenpolitische Zielstellungen zusammen.

In vielen Institutionen harrt der Ansatz nun einer systematischen Umsetzung. Meist wurden ein *Gender*-Training und einige Pilotprojekte durchgeführt und mit Verweis auf diese gezielte Frauenförderung und oft auch Gleichstellungsstellen abgewickelt. Die Querschnittsintegration der Wunderformel *Gender*, unter der jede/r etwas anderes oder auch nichts versteht, lässt frauenpolitische Ansätze in einer technokratischen Übung aufgehen. Ist das Mainstreaming ein Instrument zur Flexibilisierung politischer

Strukturen, um feministische Forderungen institutionenimmanent aufzugreifen, zu entradikalisieren und »zum Verdunsten zu bringen«, wie die sambische Frauenrechtlerin Sarah Longwe befürchtet? Oder ist es ein Instrument zur Aushandlung politischer Einflussmöglichkeiten und ein Pflug zum Umstülpen organisationsinterner Geschlechterhierarchien?

Die Einschätzungen des Konzepts sind je nach den politischen und institutionellen Kontexten höchst unterschiedlich, aber immer kontrovers (Nohr/Veth 2002). In der Strategie steckt das Potenzial, mehr Ungleichheiten und Ungerechtigkeiten zwischen den Geschlechtern aufzuspüren und die scheinbare Geschlechtsneutralität der meisten Politikfelder zu enttarnen. Ob daraus aber die Antriebskraft und Durchsetzungsmacht erwächst, politische Strukturen und Inhalte zu ändern und vermittelt darüber die Koordinaten der Geschlechterordnung zu verschieben, steht auf einem völlig anderen Blatt. Außerdem bleibt die Frage: Welche Fraueninteressen sind *mainstream*-tauglich? Geraten andere gesellschaftliche Herrschafts-, Diskriminierungs- und Gewaltstrukturen in ihrer Verschränkung mit der Kategorie Geschlecht nicht aus dem Blick? Bisher hat Gender Mainstreaming jedenfalls eher als Instrument zur systemimmanenten flexiblen Integration von Geschlechteraspekten gewirkt als ein transformatorisches Potential zu entfalten.

Politisches Reformprojekt Geschlechterordnung

Die Auseinandersetzungen um das von der rot-grünen Regierung vollmundig als »großes gesellschaftliches Reformprojekt« angekündigte Gesetz zur Gleichstellung in der Privatwirtschaft werfen ein Schlaglicht auf die staatlichen Regulierungsmöglichkeiten gegenüber dem Markt. Störrisch blockten deutsche Privatunternehmen (unterstützt von Unternehmenskanzler Schröder) das Anti-Diskriminierungsgesetz ab und deklarierten jegliche Frauenförderauflagen in Zeiten von Liberalisierung und Deregulierung zum Wettbewerbshindernis. Die Privatwirtschaft beharrt auf dem Prinzip der »Freiwilligkeit« und lässt sich keine Vorschriften machen. Diese Freiwilligkeit hat bisher nur in 4,5% der Betriebe Gleichstellungsmaßnahmen bewirkt – was die Wirtschaft nicht daran hindert, je nach Marktbedarf das Humankapital Frau, ihre Qualifikationen und sozialen Kompetenzen wie auch ihre

Bereitschaft, flexibel und niedrigentlohnt zu arbeiten, auszuschöpfen. Der wachsende Frauenanteil im mittleren Management, vor allem aber in Mini-Jobs und flexibler Beschäftigung, zeigt, dass sie vorhandene Potenziale nutzt.

Die Parole »Frauenförderung ist Wirtschaftsförderung« demonstriert die Funktionalisierung von Geschlechtergleichheit zur ökonomischen Effizienzsteigerung. Die von Großunternehmen und der Bundesregierung im Schulterschluss getragene Vorzeige-Initiative Total-E-Quality erklärt: »Wir brauchen die Besten... Intern verbessert Chancengleichheit das Klima und gemischte Teams zeigen in der Zusammenarbeit eine höhere Effizienz« (Total-E-Quality 6, Mai 2001,1). Methoden der Qualitätssicherung, der *best practices* und der intensivierte Wettbewerb stellen die individuelle Leistungsfähigkeit ins Zentrum, nicht die Gleichheit der Chancen für alle. Gleichstellung wird zur Frage persönlichen Vermögens oder Unvermögens. Geschlechtergerechtigkeit wird eingepasst in das neoliberale Ideologem, dass sich individuelle »Leistung wieder lohnen muss«. Die Integration weiblicher Leistungsfähigkeit in den Erwerbsmarkt als unternehmerischer Wettbewerbsvorteil – das ist ein Musterbeispiel, wie das Emanzipations- und Karriereinteresse von Frauen neoliberal überformt und genutzt wird, und das liberale Ziel der Chancengleichheit sich in Schall und Rauch auflöst. Geschlecht ist hier Standortfaktor, ein Pluspunkt im globalen Wettbewerb.

Auch die jüngsten politischen Angebote zur Vereinbarkeit von Familie und Beruf signalisieren den Vorrang von volkswirtschaftlichen Erwägungen vor frauenpolitischen. Von Feministinnen werden seit Jahrzehnten Ganztagsbetreuung von Kindern und Ganztagsschulen gefordert, um das Vereinbarkeitsproblem gesellschaftlich in den Griff zu bekommen. Vergeblich! Nun plötzlich nach dem Schock durch die Pisa-Studie in Deutschland werden entsprechende Modelle diskutiert – jedoch nicht als Maßnahme zur Chancengleichheit, sondern als bildungsökonomische Maßnahmen, sprich: Bildung von Humankapital, Integration weiblicher Arbeitskräfte in den Erwerbsmarkt zur Steigerung der Wettbewerbschancen. So verschwinden eigenständige frauenpolitische Ziele von der Bildfläche.

Das Haushalten in die eigenen Hände nehmen

Gender-Budgets wollen Haushalte nach Geschlechterkriterien aufschlüsseln und die scheinbare Geschlechterneutralität der Finanz- und Wirtschaftspolitik aufdecken. Wer wird durch Programme und Kredite gefördert, wessen Interessen bevorzugt, wer durch Steuern und Abgaben benachteiligt, wer und was wird hoch, wessen und welche Arbeit wird gering bewertet? Das Instrument lässt sich sowohl auf der staatlichen und kommunalen Ebene anwenden als auch für die Aufschlüsselung der Budgets einzelner Institutionen und Organisationen nutzen (Olympe 1998).

Pionierland war Australien in der Ägide der Labour-Regierung. Seit 1984 legten dort Behörden sowohl auf Landes- als auch auf Bundesebene Frauenbudgets vor, die nachweisen sollten, wie einzelne Etat-Posten und Maßnahmen auf Mädchen und Frauen wirken, welche geschlechtsspezifischen Voraussetzungen und Implikationen sich in den Gesundheits-, Steuer- und Handelshaushalten verstecken und ob Nachteile für Frauen entstehen.

Ein wahrer Boom von *Gender-Budget*-Initiativen entwickelte sich unterstützt von UNIFEM nach der 4. Weltfrauenkonferenz in Peking. Inzwischen laufen weltweit auf staatlicher Ebene 42 Initiativen, die meisten davon in Ländern des Südens, 12 in Afrika (UNIFEM 2002). Sowohl die AkteurInnen als auch der Prozess und seine Ergebnisse sind sehr unterschiedlich. Ziel ist es, eine sozial und geschlechtergerechtere Planung und Verteilung finanzieller Ressourcen zu erreichen. So sollen Gender Budgets dazu beitragen, die Aufteilung des gesellschaftlichen Kuchens zu entmystifizieren und Finanzberechnungen und -planungen zu demokratisieren.

Elemente können sein:

a) die Ausgaben in verschiedenen Ressorts geschlechtsdifferenziert aufzuschlüsseln,

b) Ausgaben und Maßnahmen zur gezielten Frauenförderung in verschiedenen Ressorts zu erfassen,

c) spezielle gleichstellungsorientierte Ausgaben in verschiedenen Sektoren (von der Ausbildung von Polizisten für den Umgang mit Gewalt gegen Frauen bis zu Kinderhorten in Betrieben und Gemeinden) zu analysieren,

d) Fiskalpolitik, das Sozialversicherungssystem und sonstige Einnahmen (direkte und indirekte Besteuerung) sowie Steuerreformen auf Geschlechtergerechtigkeit zu prüfen,

Die Makro-Ökonomie engendern

Durch das Einbringen einer Geschlechterperspektive in die Makro-Ökonomie zielen feministische Ökonominnen auf eine geschlechtergerechte Umverteilung und Umgestaltung der Ökonomie. Während *Gender-Budget*-Initiativen (**www.gender-budgets.org, www.unifem.undp.org/gender_budgets/analysis.html**) auf frauengerechtere Umverteilung innerhalb des gegebenen Haushaltsrahmens orientieren, verknüpfen Ansätze zu »Gender und Handel« die Forderung nach Geschlechtergerechtigkeit stärker mit der prinzipiellen Kritik an den makro-ökonomischen Strategien der Liberalisierung, Privatisierung und Globalisierung, am WTO-Regime und den WTO-Abkommen.

Frauennetzwerke, die sich mit makro-ökonomischen Themen beschäftigen:

IGTN, International Gender and Trade Network
www.genderandtrade.net
WICEJ, Women's International Caucus for Economic Justice
www.wicej.org
GERA, Gender and Economic Reforms in Africa Program
www.twnafrica.org/gera
DAWN, Development Alternatives with Women for a New Era
www. dawn.org.fj
WIDE, Women in Development Europe
www.eurosur.org/wide

e) staatliche Transferleistungen geschlechtsdifferenziert aufzuschlüsseln,

f) Einsparmaßnahmen in verschiedenen Ressorts auf Geschlechtergerechtigkeit zu prüfen.

Gender-Budget-Initiativen sind zunächst einmal Instrumente zur Analyse der Haushaltsführung. Doch nahezu überall löste sie öffentliche Diskussionen aus und konnten als Mobilisierungsvehikel genutzt werden. Um dann in einem weiteren Schritt als Planungs- und Steuerungsvehikel wirksam zu werden, müssen die Budget-Initiativen die »Sprache sprechen, die die wirtschafts- und finanzpolitischen Akteure verstehen«. Deshalb beziehen sie sich meist auf Kriterien wirtschaftlicher Effizienz und politischer Effektivität, um Einflusschancen zu öffnen, und vermeiden moralische Appelle. Geschlechtergerechtigkeit soll auch – zumindest langfristig – Kosten sparen. Bisher schaffen Machtungleichheit der Geschlechter, Gewaltstrukturen und Diskriminierung von Frauen Kosten, die durch gleichstellungsorientierte Transferleistungen des Staates reduziert oder verhindert werden könnten.

Beispielhaft ist die 1995 in Südafrika begonnene Frauenbudget-Initiative (Hurt/Budlender 1998). Dort waren die Weichenstellungen wichtig: Wer findet einen Job im öffentlichen Sektor und wer verliert ihn? Wie fließen die Ausgabenströme im Bildungssektor: Fließt ein großer Teil in die Tertiärbildung, bedeutet dies de facto Männerförderung, denn in Südafrika studieren mehr Männer als Frauen. Wie kommen Frauen bei der Landreform weg? In 800 Kommunalbehörden wurden Fallstudien durchgeführt, Entwicklungshilfebudgets sowie Beschäftigungsmaßnahmen analysiert, Ansatzpunkte zur Berücksichtigung der Bedürfnisse und Lebenslagen von Frauen in der Politikgestaltung von Ministerien und für das staatliche Transfersystem entwickelt. Außerdem fand die Methodik von Gender-Budgets Eingang in die Curricula von vier Universitäten. Direkte Erfolge sind eine Kürzung des Rüstungsetats, mehr Mittel für Unterstützungsprogramme von Kindern und von Kleinunternehmen. Insgesamt ist jedoch die Umsetzungsbilanz bescheiden, und inzwischen ist die Initiative in den Mühlen haushaltsrechtlicher Verfahren versandet.

Die Stärke des Gender-Budget-Ansatzes liegt in der Analyse, im Ausleuchten von sozial- und geschlechterpolitischen Blindstellen, im Augen-Öffnen für real existierende Geschlechterimplikationen der öffentlichen Haushalte. Einfluss auf haushaltspolitische Entscheidungen konnte jedoch bisher nur selten gewonnen und Prioritäten nicht verschoben werden. Der Anspruch der kanadischen Gender-Budget-Initiative, neben dem öffentlichen und dem privaten Sektor durchgehend die unbezahlte Versorgungswirtschaft in Haushalt und Kommunen in den einzelnen Ressorts sichtbar zu machen, erwies sich als schwer umsetzbar. Und eine Umstrukturierung der Haushalte nach Gender-Kriterien z.B. mit einer Neubewertung unbezahlter Arbeit ist ebenso wenig gelungen wie eine Lockerung der Fesseln des neoliberalen Sachzwangs, der Haushaltspolitik und Marktökonomie aneinander bindet. Dass das Konzept von Gender-Budgets so breite Akzeptanz von der GTZ bis zur Weltbank gefunden hat und auch in das Abschlussdokument der UN-Konferenz zu Entwicklungsfinanzierung im März 2002 in Monterrey aufgenommen wurde, mag seinen Grund in seiner technokratischen Immanenz innerhalb neoliberaler Finanz- und Wirtschaftspolitik haben: Es stellt sie nicht prinzipiell in Frage. (Caglar 2002)

8. Frauenbewegungen und feministische Globalisierungskritik

Feministische Kritik an der Globalisierung artikulierten in den 1990er Jahren zum einen Frauenbewegungen und Aktivistinnen, zum anderen feministische Wissenschaftlerinnen. Das NRO-Forum bei der 4. Weltfrauenkonferenz 1995 in Peking war die erste globale Plattform, auf der Frauen aus allen Kontinenten die neoliberale Globalisierung zu einem zentralen Thema machten. Dabei wurden Vorläuferdiskurse zusammengeführt, die sich seit den 1970er Jahren mit globalen Entwicklungen beschäftigten:

- neue internationale Arbeitsteilung und Frauen in den Exportindustrien;
- Strukturanpassungsprogramme in verschuldeten Ländern des Südens;
- sexuelle und strukturelle Gewalt gegen Frauen;
- zunehmende Armutsprostitution und Sextourismus, Katalogehen und Frauenhandel;
- Bevölkerungspolitik als Regulations- und Steuerungspolitik mit dem Ziel, eine globale Fortpflanzungsordnung aufzubauen;
- Frauenrechtsverletzungen und Verweigerung von Geschlechterdemokratie durch neue konservative und fundamentalistische Regime.

Zwischen der Kritik am Neoliberalismus und an diversen Fundamentalismen spannte sich die Auseinandersetzung mit Globalisierung. Verbindend war in Peking die Forderung nach einer demokratischen, an Überlebensbedürfnissen orientierten, umweltverträglichen und geschlechtergerechten Umgestaltung von Wirtschaft, Politik und Gesellschaft. Was genau wie verändert werden sollte, blieb höchst vage. Interessengegensätze, Bündelung von Kräften, Abstimmung und Koordinierung von Einzelkämpfen, gemeinsame Strategien – all dies wurde nicht diskutiert.

In der zweiten Hälfte der 1990er Jahre radikalisierten auch viele Frauenorganisationen und -netzwerke ihre Globalisierungskritik. Ursachen dafür waren zum einen die Krisen in Asien, Brasilien und Russland, wo der wirtschaftliche Absturz jeweils eine neue Verelendungswelle mit besonderen Lasten für Frauen auslöste.

Zum anderen wurde der Widerstand gegen das multilaterale Investitionsabkommen (MAI), das transnationalen Unternehmen freie Bahn für Auslandsinvestitionen sichern sollte, zu einem Sammelbecken für Proteste gegen die undemokratische und intransparente Weichenstellungen für Liberalisierung durch die WTO.

Frauenorganisationen, die vor allem auf Lobbying und die politische Verhandlungskultur der UN-Konferenzen gesetzt hatten, klinkten sich in die globalisierungskritische Bewegung ein. Nach der Einmischung in das von den Vereinten Nationen ausgehandelte *Global Governance*-Regime stellte sich Ende der 1990er Jahre bei vielen Aktivistinnen eine Ernüchterung ein: Die meisten Regierungen taten herzlich wenig, um die so kräftezehrend erstrittenen Beschlüsse der UN-Konferenzen umzusetzen, und die Vereinten Nationen haben keine Sanktionsgewalt, wenn Regierungen viel versprechen, aber wenig halten. Von daher stellte sich die Frage nach den Adressaten für geschlechterpolitische Forderungen, dem politischen Ort der Auseinandersetzung und den Strategien neu. Die Proteste und der mehr konfrontative Politikstil der globalisierungskritischen Bewegungen erschienen in dieser Situation als politisch und strategisch attraktives Gegengewicht zur Verhandlungskultur, der zivilgesellschaftlichen Einbindung und dem kooperativen Politikstil der UN-Konferenzen.

Globalisierung von unten
Ein Signal für eine andere politische Strategie transnationaler Vernetzung setzten Frauen im Jahr 2000 mit einem Weltmarsch (Olympe 2000). Gegen den Trend, dass Frauen ihre Interessen in Institutionenpolitik einfädeln, statt autonome Politik zu machen, eroberte der Weltmarsch der Frauen zunächst einmal die Straße als öffentlichen Raum für Frauenpolitik zurück. Damit wollten Frauenaktivistinnen ihre Themen selbst bestimmen, statt nach dem UN-Kalender und dessen Themenvorgaben von einer Konferenz zur nächsten zu hetzen. Ausgehend vom Lokalen beteiligten sich am Weltmarsch mehr Frauen als die privilegierte Schar von UN-Konferenz-Touristinnen. In den dezentralen Demonstrationen und Aktionen in 160 Ländern wurde Vielfalt bestärkt und gleichzeitig zwei gemeinsame Nenner globalisiert: der Kampf gegen Armut und gegen Gewalt gegen Frauen. Kritik an der Globalisierung war dabei eine Leitplanke. Als globales Ereignis wur-

de der Weltmarsch ein Mobilisierungserfolg, fand jedoch wenig Aufmerksamkeit in den Medien und bei anderen sozialen Bewegungen und hatte insgesamt wenig Resonanz in Nordeuropa.

Frauen haben inzwischen an strategischen Fadenkreuzen der Kämpfe gegen das globalisierte neoliberale Regime und gegen transnationale Konzerne eine zentrale Rolle an der Basis übernommen (Mies 2002, Rowbotham/Lonkogle 2001, Naples/Desai 2002). Sie sind die Mehrheit in der südafrikanischen Anti-Privatisierungsbewegung, die in den Townships und auf dem Land Widerstand gegen die Einführung hoher Nutzungsgebühren für Wasser und Strom und gegen die Privatisierung der Versorgungsleistungen organisiert. In Nigeria protestierten sie unter anderem mit der traditionellen Methode der Entkleidung gegen den Raubbau von Shell an den lokalen Ressourcen und gegen die Profitmacherei des Konzerns auf Kosten ihrer Lebensgrundlagen. Überall in Lateinamerika machen Frauen gegen das pan-amerikanische Freihandelsabkommen ALCA mobil. In Indien leisten sie Widerstand gegen die Biopiraterie und die Aneignung von Grund- und Flusswasser durch Konzerne wie Coca- und Pepsi-Cola. Kleinbäuerinnen organisieren sich bei *Via Campesina* und anderen bäuerlichen Bewegungen, um ihr Recht auf Land, Biodiversität und Saatgut zu sichern und gegen private Landnahme, die Privatisierung von Gemeinschaftsgütern und die Patentierung von Saatgut, Heilkräutern und dem Erfahrungswissen durch Agrar- und Pharmamultis wie Monsanto zu verteidigen.

Frauenfriedensbewegungen wie die *Frauen in Schwarz* globalisierten sich zunehmend und stellten in ihren Protesten gegen den Irak-Krieg den Zusammenhang zwischen der neoliberalen Globalisierung, dem wachsenden Militarismus und den neuen Kriegen zur Durchsetzung neoliberaler Hegemonie und der Aneignung von Ressourcen her. Initiativen gegen Frauenhandel und Zwangsprostitution intensivierten ihre transnationale Vernetzung. In den Kampagnen für Saubere Kleidung (*Clean Clothes Campaign*) und gegen *Sweatshops* kämpft ein Bündnis verschiedener Organisationen aus Export- und Importländern für existenzsichernde Löhne und Einhaltung der Kernarbeitsnormen in der Exportproduktion und der gesamten Handelskette. In neuen gewerkschaftsähnlichen Organisationen im informellen Sektor wie *streetnet, homenet* oder in Netzwerken von Hausangestell-

(Feministische) Strategien gegen die neoliberale Globalisierung oder: Wie lässt sich Gegenmacht aufbauen?

- Globalisierung von unten: Widerstand in direkten Aktionen und Kampagnen an der Basis
- Politikintervention und Transformation durch Partizipation: Advocacy, Lobbying, Monitoring, Mitmacht durch Gender Mainstreaming, Gender Budgets
- Alternativen: Lokalisierung, Reregionalisierung, Livelihood-*Ansatz (Sicherung der Lebensgrundlagen)*, Fair Trade, Tauschringe, Kooperativen, Subsistenz

ten und Migrantinnen streiten die Marktmarginalisierten für elementare soziale und ökonomische Rechte.

Neben diesen Formen der Globalisierung des Widerstands an der Basis, die mit der Straße auch Sichtbarkeit für Frauen erobern, setzten andere Frauenaktivistinnen auf Politikintervention und Lobbying in der Hoffnung, durch Partizipation an nationalen und globalen Regierungssystemen das Schlimmste verhindern und Transformation in kleinen Schrittchen erreichen zu können (DAWN 1995). In einem Spagat zwischen Bewegungs- und Basispolitik übersetzen internationale und regionale Netzwerke die Proteste von Frauen an der Basis in Forderungen und direkten Lobbydruck auf die *Global Players*. So beschäftigten sich Netzwerke wie das *International Gender and Trade Network*, IGTN, in den vergangenen Jahren intensiv mit Makro-Ökonomie, analysieren die Auswirkungen von WTO- und regionalen Freihandelsabkommen auf Frauen, fordern Moratorien für WTO-Verhandlungen und einen neuen Protektionismus vor allem für Agrarmärkte in den Ländern des Südens. Expertinnen des internationalen Netzwerks *Diverse Women for Diversity* setzten bei den Verhandlungen von Konventionen und Abkommen zu Biodiversität, TRIPS und Ernährungssicherung mit dem Vorsorgeprinzip eine Stärkung nationaler Regierungen gegenüber Konzernen und ihren Handelsrechten durch.

Neue Bewegungen

Soziale Bewegungen bewegen sich. Sie sind ein Prozess. Auf dem Weg von den UN-Konferenzen bis zu den Weltsozialforen nach Porto Alegre veränderten sich Frauenbewegungen, und neue Typen von Frauenorganisationen und Netzwerken entstanden.

Anfang der 1990er Jahre war die Suche nach gemeinsamen Nennern und eine Konsensbildung der Ausgangspunkt bei den Interventionsversuchen in die Verhandlungen zu Global Governance. Die »Internationale« der Frauen ankerte in gemeinsamen Problemanalysen und verbindenden Interessenidentifikationen – trotz gewusster innerer Differenzen und Widersprüche –, um auf Grundlage der Kategorie Geschlecht politisch artikulationsfähig und eingriffsmächtig zu sein. Organisationen und Aktivistinnen bildeten handlungs- und ergebnisorientiert eine Allianz, eine »strategische Schwesternschaft«, wie Bina Agarwal (1996) dies im Anschluss an den Begriff der »strategischen Gender-Interessen« nannte. Die beiden Säulen, auf denen die Verschwisterung ruhte, waren globalisierte Problemlagen und gemeinsame Strategien – nicht aber eine einzige Geschlechtsidentität.

Bereits bei der 4. Weltfrauenkonferenz in Peking fand eine Akzentverschiebung von der Orientierung vom Konsens zur Pluralität statt. »Vielfalt ist unsere Stärke« war die Devise für die internationale Sammlungsbewegung der Frauen und Grundlage für die selbstbewusste Einschätzung: »Wir sind der Nukleus der internationalen Zivilgesellschaft auf dem Weg ins 21. Jahrhundert.« (Wichterich 1996; Lachenmann 1996).

Auf nationaler wie auf internationaler Ebene veränderten sich die politischen Praktiken und feministischen Kämpfe, gleichzeitig aber auch das Verständnis von Frauenbewegung. So erklärte eine Frauenbewegte aus Argentinien: »Wir verstehen Mobilisierung nicht mehr im klassischen Sinne der 70er Jahre, sondern versuchen, Kerne von Frauenzusammenhängen aufzubauen, z.B. durch Informationsaustausch und Zugang zu Ressourcen als Grundsteine für eine selbstorganisierte politische Frauenarbeit« (Rodenberg/Wichterich 1999).

Beim 2. Weltsozialforum 2002 in Porto Alegre erweiterten Lelian Celibert und Virginia Vargas noch einmal das Verständnis von Frauenbewegungen und Feminismen im »Deutungsrahmen« Globalisierung: Nicht mehr als »vereinte Akteurinnen« oder als »globale feministische Schwesternschaft« verstehen sie sich, sondern als »weites diverses Akteurinnenfeld in ständiger Veränderung« (Celibert/Vargas 2002: 13). Sonja Alvarez nimmt die neuen sozialen Bewegungen als diskursive, heterogene Felder mit polyzentrischen Aktivitäten und mehreren alternativen Öffentlichkeiten wahr. »In diesem heterogenen Feld bestehen verschiedene Widerstandsformen. Die Orte politischer Intervention vervielfachen sich, wobei durch elektronischen Austausch der kollektive Wille von Tausenden verknüpft und koordiniert wird.« (ebenda) Jede Form von formaler oder zentralistischer Organisationsstruktur ist mit diesem Verständnis von Bewegung unvereinbar. Entsprechend wird der gemeinsame Nenner zunehmend größer und vager. So fand sich in Porto Alegre eine Allianz von Frauenorganisationen unter dem Kampagnenmotto: »Gegen Fundamentalismen, die Menschen sind fundamental!« zusammen.

Der Kern der vielen Feminismen ist ein Kampf für Gerechtigkeit, wobei soziale, wirtschaftliche und politische integriert wird mit kultureller und symbolischer. Dieser mehrdimensionale Kampf gegen Ungerechtigkeiten setzt die Politik für Anerkennung und Umverteilung fort (Fraser 2001): Ziel ist Anerkennung von Frauen als politische, ökonomische und kulturelle Subjekte, Umverteilung politischer Entscheidungsmacht, kultureller Definitionsmacht sowie von Ressourcen, Arbeit und Einkommen.

Durch das erweiterte Verständnis und die innere Differenzierung haben Frauenbewegungen an Trennschärfe verloren, und die Übergänge zwischen Vielfalt und Beliebigkeit sind fließender geworden. Nicht ein einheitliches globalisierungskritisches Profil haben Frauenbewegungen, sondern ein buntes, vielgesichtiges.

Zwischen Widerstand und Identitätsfindung

Vier unterschiedliche Ansätze zeichnen sich in der feministischen Auseinandersetzung mit Globalisierung ab:

■ Feministischer Widerstand bezieht sich vor allem auf die nationalstaatliche Ebene, Forderungen werden an die Regierungen gerichtet – so wie das im Kontext der UN-Konferenzen der 1990er Jahre geschah (Bergeron 2003). Von ihnen wird – gegenläufig zur aktuellen Deregulierung – eine Reregulierung des Marktes und der Privatwirtschaft erhofft. Feministische Neoliberalismusanalyse auf diesem Hintergrund mündet häufig in einen Tunnelblick von Globalisierung, wo die nationalen Regierungen als Licht am Ende des Tunnels erscheinen und als Garanten sozialer und wirtschaftlicher Frauenrechte und als potenzielle Widersacher gegen den neoliberalen Umbau der Wirtschaft projiziert werden (World Development 1995).

- Die Globalisierung des neoliberalen Systems fordert globalen feministischen Widerstand auf der transnationalen Ebene. Dieser Ansatz mündet leicht in eine homogenisierende Sicht des globalisierten Konzernkapitalismus und der neoliberalen Logik einerseits und der Unterstellung eines globalen globalisierungskritischen Feminismus als Antwort auf die Hegemonie des Neoliberalismus andererseits. Dieser »globalozentrische« Diskurs vermittelt Ohnmachtsgefühle angesichts der Übermacht des kapitalistischen Weltsystems und drängt AkteurInnen in eine bloß reaktive Rolle (Marchand/Runyan 2001; Bergeron 2003). Als Gegenentwurf zum (be-)herrschenden neoliberalen maskulinen Regime werten viele Feministinnen das »Weibliche« als das per se Fürsorgliche, Friedliebende, Soziale und Gleichheitliche auf. Diese Kontra-Homogenisierung bestätigt die dualistische Gesellschafts- und Geschlechtsordnung.

- In Abgrenzung gegen diesen »globalozentrischen« Diskurs bemühen sich andere feministische Theoretikerinnen darum, die Homogenisierung der neoliberalen Weltordnung einerseits und die Viktimisierung von Frauen andererseits aufzubrechen. »Wie können wir die Globalisierung dazu bringen, ihre Erektion zu verlieren?«, fragten die Sozialwissenschaftlerinnen Gibson and Graham (1996: 126f). Sie konstatieren, dass Globalisierungskonzepte einem »Vergewaltigungsskript« folgen, einer Geradlinigkeit kapitalistisch-patriachaler Penetration der Schwachen und Wehrlosen. Wenn Frauen diese Sicht übernehmen, schreiben sie sich selbst in der Rolle der Opfer fest; übersehen die inneren Widersprüche des Neoliberalismus und unterschätzen die Krisenhaftigkeit der kapitalistischen Logik. Gerade dort liegen aber die Chancen zum Eingreifen und dazu, Handlungsmacht zu erlangen. Deshalb ist es notwendig, das Globalistische und die Hegemonie des neoliberalen Konzernkapitalismus zu »dekonstruieren«, den homogenen Block aufzuschlüsseln, um dann Widerstand an den nationalen oder lokalen Schwachstellen und Widersprüchen anknüpfen zu können. Den globalisierten Neoliberalismus mit der Unterstellung eines »globalen Feminismus« und vereinter Fraueninteressen zu beantworten, wurde zunehmend gerade von Frauen aus dem Süden als westliche feministische Bevormundung und als »strategischer Essentialismus« zurückgewiesen (Spivak in Kerner

1999). Feministischer Widerstand gegen Globalisierung wird aus dieser Perspektive gerade auch auf der lokalen und der Basisebene angesiedelt. (Bergeron 2003)

■ Intersektionalität ist das neue Stichwort. Die Kategorie Geschlecht wird als Schnittpunkt unterschiedlicher Diskriminierungsrisiken oder -praktiken betrachtet. Damit wird zum einen der Diversität weiblicher Identitäten und Subjektivitäten in globalisierten Zusammenhängen Rechnung getragen, die in Konzepten der Geschlechtergleichheit zu kurz kommen. Zum anderen wird der Verschränktheit der Kategorie Geschlecht mit anderen sozialen Kategorien wie Klasse, Ethnie, Religion, Alter, sexuelle Orientierung mehr Bedeutung beigemessen.

Die beiden letzten Ansätze verweisen bereits auf einen zweiten Schwerpunkt feministischer Globalisierungskritik neben dem ökonomischen: die kulturwissenschaftliche Perspektive. Sie will explizit über ein »enges materialistisches Verständnis von globaler Umstrukturierung hinausgehen« (Marchand/Runyan 2001: 137) und bewegt sich in dem Spannungsbogen zwischen Globalisierung und Lokalem. Im Unterschied zur These einer Cocacolisierung, d.h. einer kulturellen Gleichschaltung der ganzen Welt, die häufig aus mako-ökonomischen und makro-politischen Analysen abgeleitet wird, vertreten feministische Kulturwissenschaftlerinnen als Gegenposition die Hybridisierung oder Creolisierung von Kulturen. Hier wird nicht davon ausgegangen, dass das Indigene und Lokale allüberall durch McDonalds und McWorld plattgemacht wird, sondern dass Verschmelzungen und Überlagerungen von kulturellen Elementen stattfinden, dass Werte selektiv übernommen und multiple Identitäten entwickelt werden. In einem solchen »Tanz der Kulturen« (Breidenbach/Zukrigl 1999) entstehen neue Synthesen.

Schlüsselgestalten in diesen Prozessen sind vor allem Migrantinnen, die neue Identitäten, Deutungen und Bedeutungen konstruieren und dadurch Macht über die Realität gewinnen können. Aus der Perspektive der Subjektivitäten, ihrer Wünsche und Horizonte bieten die durch die Globalisierung ausgelösten Umbrüche auch viele Chancen, verkrustete Machtverhältnisse in der Gesellschafts- und Geschlechterordnung aufzubrechen, sich neue Handlungsfähigkeiten und -räume zu erschließen und Rechte umzusetzen (Hess/Lenz 2002).

Identitätspolitische und kulturwissenschaftliche Fragestellungen sind für Frauen mit Blick auf konservative und fundamentalistische Reaktionen auf die wirtschaftliche Globalisierung besonders relevant. Fundamentalismen sind kulturelle, symbolische und ethische Gegenentwürfe zur westlich individualistisch markierten Globalisierung. Sie bauen regelmäßig auf neuen Zuschreibungen von »Weiblichkeit« und einer hierarchischen Geschlechterordnung als sozialen und moralischen Strukturprinzipien auf.

Allerdings dünnt in den diskurstheoretischen und dekonstruktivistischen Ansätzen und in der Vielfalt ihrer Deutungen die Kritik an der neoliberalen Globalisierung stark aus. Und über den Fokus auf Subjektivitäten und Identitäten, der berechtigterweise deren Pluralität und Widersprüchlichkeiten Rechnung trägt, geraten Strukturen und der »Sachzwang Weltmarkt« zunehmend aus dem Blick (Davids/Driel 2001).

Sag mir, wo die Frauen sind
Feministische Globalisierungskritik in das breite Spektrum der Porto Alegre-Bewegung einzubringen, ist kein Deckchensticken. 2001 war die Beteiligung von Frauennetzwerken und Feminismen am Weltsozialgipfel mager, verbesserte sich dann aber in den Folgejahren langsam. Beim Asiatischen Sozialforum 2003 in Hyderabad veranstalteten Frauenorganisationen ein eigenes Plenum, weil sie sich auf den gemischten Podien nicht ausreichend vertreten fanden. Beim Afrikanischen Sozialforum 2003 in Addis Abeba kamen Frauen bestenfalls als »Armenmasse« vor. Erstaunlicherweise unterscheiden sich die Sozialforen nicht wesentlich von konventionellen politischen Orten, wenn es um das Einklinken feministischer Ansätze geht. In den dominanten Diskursen globalisierungskritischer Bewegungen geben wieder einmal alt- und neulinke Männer den Ton an. Wieder einmal herrscht eine weitgehende Geschlechterblind- und -taubheit, feministische Perspektiven sind randständig geblieben.

Dabei ist es nicht das Anliegen von Feministinnen, Frauen und Geschlechterungleichheiten dem Spektrum der Globalisierungskritik als Opferelemente hinzuzufügen. Sie wollen Leerstellen von Herrschaftskritik ausfüllen, Demokratie von unten, die ohne Geschlechterdemokratie eben so unvollständig ist wie die von oben, vervollständigen und feministische Konzepte in die Suche nach

Alternativen einbringen. Es fällt auf, dass Frauen nicht den einen großen globalen Wurf suchen, sondern dezentrale Alternativen aufspüren wollen. Grundannahme ist, dass eine Vielfalt von Ökonomien, Kulturen und Sozialstrukturen nicht nur möglich, sondern auch notwendig ist. Bereits diskutierte oder praktizierte alternative Konzepte müssen auf ihren Mehrwert an Geschlechtergerechtigkeit geprüft werden: das Subsidiaritätsprinzip der Wirtschaft und kollektive Rechte lokaler Gemeinschaften an Ressourcen, alternative Währungen oder Budgets, die alle Formen von Arbeit neu bewerten, Tauschringe.

Feministische Ökonomie ist ein zentrales Vehikel der Kritik und ein Baustein für mögliche Alternativen. Sie stellt das Gesamt von Arbeit und Wirtschaft, den Zusammenhang von Reproduktion und Produktion, unbezahlter und bezahlter Arbeit, Markt- und Sorgeökonomie ins Zentrum. Dahinter steht – noch schemenhaft – ein alternatives Modell ökonomischer Gerechtigkeit, in dem Frauen die Kontrolle über Ressourcen, ihre Wirtschaftsformen, ihre Körper, ihr Leben zurückgewinnen können.

Voraussetzung ist eine radikale Demokratisierung von Politik, Ökonomie und Kultur, in der Frauen ihre bürgerschaftliche Handlungsfähigkeit realisieren. Nur unter der Bedingung einer partizipativen Demokratie von unten sind Umverteilungsgerechtigkeit, soziale Sorge und Sicherheit, aber auch Toleranz gegenüber ethnischer, religiöser und kultureller Vielfalt denkbar.

Frauenorganisationen müssen ihre Konzepte und Kämpfe neu orientieren und die »Globalisierung neu erfinden« – so der Titel der Mega-Konferenz, die das nordamerikanische Netzwerk AWID 2002 in Mexiko organisierte. Dort forderte Bene Madunagu von DAWN eine »Reradikalisierung« der Frauenbewegungen: »Wir müssen weg vom derzeitigen NRO-Stil, der durch Lobbying und fast schon unterwürfiges Bitten und Betteln beim Staat und den männerdominierten politischen Strukturen gekennzeichnet ist«. Dies geschieht erneut als Tandem: Frauenorganisationen wollen autonome Positionen entwickeln und sich gleichzeitig in die globalisierungskritischen Bewegungen einmischen – und zwar weder am Rande noch als Fußvolk. Nach neuen theoretischen und praktischen Ansätzen gegen die neoliberale Globalisierung suchend gehen sie vorwärts. Neue Bewegungen, Allianzen und Wege sind notwendig und möglich.

Literatur

Agarwal, Bina (1996): From Mexico 1975 to Beijing 1995, in: Indian Journal of Gender Studies, Vol 3 No 1, S. 87-92

Anzaldua, Gloria (1987): La Frontera – Borderlands, San Francisco

Altvater, Elmar/Birgit Mahnkopf (2002): Globalisierung der Unsicherheit. Arbeit im schatten, schmutziges Geld und informelle Politik, Münster

Alvarez, Sonia (1999): The Latin American Feminist NGO Boom, in: International Feminist Journal of Politics, 1:2 September, S. 181-209

Arango, Luz Gabriela (2002): Geschlecht, Globalisierung und Entwicklung, in: Peripherie 85/86, S.84-108

Bakker, Isabella (Hrsg.) (1994): The Strategic Silence: Gender and Economic Policy, London

Le Breton Baumgartner, Maritza (1998): Die Feminisierung der Migration. In: Klingebiel, Ruth/ Shalini Randeria, (Hrsg.), Globalisierung aus Frauensicht, Bonn, S. 112-135

Bergeron, Susan (2003): Polit-Ökonomische Diskurse über Globalisierung und feministische Politik, in: Scharenberg, Albert/Oliver Schmidtke (Hrsg.): Das Ende der Politik? Globalisierung und der Strukturwandel des Politischen, Münster, S.55-78

Biemann, Ursula (1999): »Performing the border. Die Grenze als Metapher für Differenz und Gewalt«. In: Iz3w, Nr. 241, S. 37-41

Brand, Ulrich u.a. (2000): Global Governance. Alternative zur neoliberalen Globalisierung? Münster

Braunmühl, Claudia (2001/2), Gender Mainstreaming worldwide – Rekonstruktion einer Reise um die Welt, in: Globalisierungsmythen: Feministische Perspektiven, Österreichische Zeitschrift für Politikwissenschaft, S. 183-201

Breidenbach, Joana/Ina Zukrigl (2000): Tanz der Kulturen. Kulturelle Identität in einer globalisierten Welt, Reinbek b. Hamburg

Bunch, Charlotte (1990): Women's Rights as Human Rights: Toward a Revision of Human Rights, in: Human Rights Quarterly, Vol 12, No 4., S. 484-498

Bundesministerium für Familie, Senioren, Frauen und Jugend (2002): Frauen in Deutschalnd. Von der Frauen- zur Gleichstellungspolitik, Berlin/Bonn

Caglar, Gülay (2002): Engendering der Makroökonomie: Chancen und Grenzen feministischer Ansätze, in: femina politica 1/2002, S.48-58

Carr, Marilyn/Chen, Martha Alter (2001): Globalisation and the Informal Economy: How Global Trade and Investment Impact on the Working Poor, www.wiego.org/papers/carrchenglobalization.pdf

Celibert, Lilian/Virginia Vargas (2002): Feminists at the Forum, in: Marcosur Feminist Articulation: your mouth is fundamental against fundamentalisms, Montevideo, S. 11-25

CLADEM (1998): Declaration of Human Rights from a Gender Perspective, Lima

Connell, Robert W. (1995): Der gemachte Mann. Konstruktion und Krise von Männlichkeiten, Opladen

Cook, Rebecca (Hrsg.) (1994): Human Rights of Women. National and International Perspectives, Philadelphia

Dackweiler, Regina; Schäfer, Reinhild (1999): Lokal – national – international. Frauenbewegungspolitik im Rück- und Ausblick, in: Klein, Ansgar; Legrand, Hans-Josef; Leif, Thomas (Hrsg.): Neue Soziale Bewegungen. Impulse, Bilanzen und Perspektiven, Opladen/Wiesbaden, S. 199-224

Davids, Tine/van Driel, Francien (2001): Globalization and Gender: Beyond Dichotomies, in: Schuurman, Frans: Globalization and Development Studies, Amsterdam, S. 153-176

DAWN (1995): Markers on the Way: The DAWN Debates on Alternative Development, Barbados

Deutscher Bundestag (Hrsg.)(2002): Globalisierung der Weltwirtschaft. Schlussbericht der Enquête-Kommission, Opladen

Dingeldey, Irene (1999): »Zuckerbrot und Peitsche. Arbeitsmarktpolitik unter New Labour«. In: Frankfurter Rundschau, 10.8.1999.

Dorsay, Ellen (1997): The Global Women's Movement: Articulating a New Vision of Global Governance, in: Diehl, Paul (Hrsg.): The Politics of Global Governance. International Organization in an Interdependent World, S. 335-359

Elson, Diane/Pearson, Ruth (1981): »The subordination of women and the internationalisation of factory production«. In: Young, K./Wolkowitz, C./ McCullagh, R. (eds.) (1981): Of Marriage and the Market. London

Elson, Diane (1993): Feministische Ansätze in der Entwicklungsökonomie, in: Prokla 93, S. 529-550

Epw/Economic and Political Weekly (2000): Teleworking and teletrade in India: diverse perspectives and visions, Vol XXXV No26

Europäische Kommission (1998): Frauen in Europa. Bonn

Franceso, Gigi (2002): WAA2015 Initiative Needs to Be Bold, in: DAWN informs, May 2002, 8f

Fraser, Nancy (2001): Von der Umverteilung zur Anerkennung? Dilemmata der Gerechtigkeit in post-sozialistischer Zeit, in. Dies.: Die halbierte Gerechtigkeit, Frankfurt, S. 23-66

Friedrich-Ebert-Stiftung (1999): Osteuropas verkaufte Frauen. Wege zur effektiven Bekämpfung des Menschenhandels, Bonn

Fritz, Thomas/Scherrer, Christoph (2002): GATS. Zu wessen Diensten? Hamburg

Fritz, Thomas (2003): Die letzte Grenze. GATS: Die Dienstleistungsverhandlungen in der WTO. Sachstand, Probleme, Alternativen, WEED, Berlin

Folbre, Nancy (1994): Who pays for the kids? London

Gather, Claudia/Geissler, Birgit/Rerrich, Maria (Hrsg.) (2002): Weltmarkt Privathaushalt, Bezahlte Haushaltsarbeit im globalen Wandel, Münster

Gibson-Graham, Julie Katherine (1996): The End of Capitalism (as we knew it). A Feminist Critique of Political Economy, Cambridge

Held, David (1995): Democracy and the Global Order. From the Modern State to Cosmopolitan Governance. London

Hess, Sabine (2002): Au Pairs als informalisierte Hausarbeiterinnen – Flexibilisierung und Ethnisierung der Vorsorgungsarbeiten, in: Gather u.a., a.a.O., S.103-120

Hess, Sabine/Lenz, Ramona (Hrsg.) (2002): Geschlecht und Globalisierung. Ein kulturwissenschaftlicher Streifzug durch transnationale Räume, Königstein/ Taunus

Hochschild, Arlie Russel (2002): Keine Zeit. Wenn die Firma zum Zuhause wird und zu Hause Arbeit wartet, Opladen

Holland-Cunz, Barbara/Uta Ruppert (Hrsg.) (2000): Frauenpolitische Chancen globaler Politik. Verhandlungserfahrungen im internationalen Kontext, Opladen

Literatur

Holthaus, Ines/Klingebiel, Ruth (1998), Vereinte Nationen – Sprungbrett oder Stolperstein auf dem langen Marsch zur Durchsetzung von Frauenrechten? In: Klingebiel, Ruth/Shalini Randeria (Hrsg.), Globalisierung aus Frauensicht, Bonn, S. 34-66

Hosmer Martens/Margaret; Mitter, Swasti (1994): Women in Trade Unions. Organizing the unorganized. Geneva.

Hurt, Karen/Budlender, Debbie (eds.) (1998): Money matters. Women and the government budget. Capetown

ILO (1998): Labour and social issues relating to export processing zones. Geneva

ILO/Stalker, Peter (2000): Workers without Frontiers – the Impact of Globalization on International Migration, Geneva

IMO (2000): World Migration Report 2000, Geneva

Internationale Frauenkonferenz (2002): Memorandum für die Wiedereinführung des IAO-Übereinkommens 103, Berlin

Iz3w (2003): Informelle Ökonomie, Heft 267

Joekes, Susan (1982): Female-led Industrialisation: Women's Jobs in Third World Export Manufacturing – The Case of the Moroccan Clothing Industry. Research Report No. 15, IDS, Brighton.

Dies. (1995): Trade-related Employment for Women in Industry and Services in Developing Countries. UNRISD, Geneva

Karamustafa, Gülsün (2002): Objects of Desire – A Suitcase Trade. Eine Kunst Performance, in: Hess/Lenz (Hrsg.) a.a.O., S. 166-182

Kerner, Ina (1999): Feminismus, Entwicklungszusammenarbeit und Postkoloniale Kritik. Ein Analyse von Grundkonzepten des Gender-and-Development Ansatzes, Hamburg

Kerr, Joanna (Hrsg.) (1993): Ours by Right: Women's Right as Human Rights, London

Kim, Marlene (1999): »Weibliche Beschäftigte im Niedriglohnsektor der USA«. In: Lang, Sabine/Mayer, Margit/Scherrer, Christoph (Hrsg.) (1999): Jobwunder USA – Modell für Deutschland. Münster, S. 110-127

Klammer, Ute/Ochs, Christiane (1998): The Development of Gainful Employment of Women in Germany, WSI, Düsseldorf

Klingebiel, Ruth/Randeria, Shalini (Hrsg.) (1998): Globalisierung aus Frauensicht. Bilanzen und Visionen, Bonn

KOK (o.J.): Frauen handel(n) in Deutschland, Berlin

Lachenmann, Gudrun (1996): Weltfrauenkonferenz und Forum der Nichtregierungsorganisationen in Peking – internationale Frauenbewegungen als Vorreiterinnen einer globalen Zivilgesellschaft? Working Paper No 251, Bielefeld

Dies. (1997): Selbstorganisation sozialer Sicherheit von Frauen in Entwicklungsländern, in: Braig, Marianne/Ferdinand, Ursula/Zapata, Martha, Begegnungen und Einmischungen, Stuttgart, S. 395-417

Lin, Lin Lean/Oishi, Nana (1996): International Migration of Asian Women: Distinctive Characteristics and Policy Concerns. Geneva

Lutz, Helma (2000): Geschlecht, Ethnizität, Profession. Die neue Dienstmädchenfrage im Zeitalter der Globalisierung, Münster

Dies. (2002): Transnationalität im Haushalt, in: Gather u.a., a.a.O., S. 86-103

Maier, Friederike (1997): »Entwicklung der Frauenerwerbstätigkeit in der Europäischen Union«. In: Aus Politik und Zeitgeschichte, 19.12.1997, S. 15-28

Marchand, Marianne/ Runyan, Anne Sisson (2001): Feminist Sightings of Global Restructuring: Conceptualizations and Reconceptualizations, in: Schuurman, Frans: Globalization and Development Studies., Amsterdam, S. 135-152

Meyer, Mary/Elisabeth Prugl (Hrsg.), (1999): Gender Politics in Global Governance, New York

Mies, Maria (2002): Globalisierung von unten. Der Kampf gegen die Herrschaft der Konzerne, Hamburg

Miller, Carol/Vivian, Jessica (eds.) (2002): Women's Employment in the Textile Manufacturing Sectors of Bangladesh and Morocco; UNRISD, UNDP, Geneva

Mitter, Swasti (1986): Common Fate, Common Bond. Women in the Global Economy, London

Musiolek, Bettina (Hrsg.) (1997): Ich bin chic, und Du mußt schuften. Frauenarbeit für den globalen Modemarkt, Frankfurt

Dies. (Hrsg.) (1999): Gezähmte Modemultis. Verhaltenskodizes: ein Modell zur Durchsetzung von Arbeitsrechten? Eine kritische Bilanz, Frankfurt

Naples, Nancy/Manisha Desai (eds.) (2002): Women's Activism and Globalization, New York/London

Nash, June/Fernandez, Kelly (eds.)(1983): Women, Men and the International Division of Labour, New York

Ng, Cecilia/Anne Munro-Kua (Hrsg.) (1994): Keying into the Future. The Impact of Computerization on Office Workers, Kuala Lumpur

Nohr, Barbara/Veth, Silke (Hrsg.) (2002): Gender Mainstreaming. Kritische Reflexionen einer neuen Strategie, Berlin

Notz, Gisela (1998): Die neuen Freiwilligen, Neu-Ulm

Olympe 9 (1998): Einfluss nehmen auf Makroökonomie! Zürich

Olympe 13, (2000): Marche mondiale des femmes. Exploration – ein Mosaik, Zürich

PAN/Pesticide Action Network Asia and the Pacific (2002): Empty Promises... Empty Stomachs. Impact of the Agreement on Agriculture and Trade Liberalisation on Food Security, Penang

Pansieri, Flavia (2000): Global Governance for the Promotion of Local Governance. The Case of CEDAW, in: Holland-Cunz/Ruppert (Hrsg.), a.a.O., S.105-117

Parrenas, Rhacel Salzar (2001): Servants of Globalization. Women, Migration and Domestic Work, Stanford

Pateman, Carol (1988): The Sexual Contract, Cambridge

Pearson, Ruth (1993): Gender & New Technology in the Carribean: New Work for Women? In: Momsen, Janet (ed.): Women and Change in the Carribean, London, S.287-296

Peters, Julie/Wolper, Andrea (eds.) (1995): Women's Rights, Human Rights. International Feminist Perspectives, New York/London

Raasch, Sybille (1998): »Feministischer Umbau von Arbeitsgesellschaft und Sozialstaat«. In: Mattfeldt, Harald/Oppolzer, Alfred/Reifner, Udo (Hrsg.) (1998): Ökonomie und Sozialstaat. Opladen, S. 25-45.

Rerrich, Maria S. (2002): Von der Utopie der partnerschaftlichen Gleichverteilung zur Realität der Globalisierung von Hausarbeit, in: Gather u.a., a.a.O., S. 16-30

Rodenberg, Birte/Wichterich, Christa, (1999): Macht gewinnen. Eine Studie über Frauenprojekte der Heinrich-Böll-Stiftung im Ausland. Berlin

Ruppert, Uta (Hrsg.) (1998): Lokal bewegen – global verhandeln, Internationale Politik und Geschlecht, Frankfurt/New York

Dies. (1998): Perspektiven internationaler Frauen(bewegungs)politik, in: Rup-

Literatur   **101**

pert, a.a.O., S. 233-256

Rowbotham, Sheila/Mitter, Swasti (eds.) (1994): Dignity and Daily Bread. New Forms of Economic Organising among Poor Women in the Third World and the First. New York

Rowbotham, Sheila/Linkogle, Stephanie (eds.) (2001): Women resist Globalization. Mobilizing for Livelihood and Rights, London/New York

Sassen, Saskia (1998): Überlegungen zu einer feministischen Analyse der globalen Wirtschaft. In: Prokla 111/2, S. 199-216

Sauer, Birgit (1998): Globalisierung oder das Ende des maskulinistischen Wohlfahrtskompromisses? in: beiträge zur feministischen theorie und praxis 47/48, S. 19-47

Dies. (2003): Gender makes the world go round. Globale Restrukturierung und Geschlecht, in: Scharenberg/Schmidtke, a.a.O., S. 98-126

Schnack, Dieter/Gesterkamp, Thomas (1998):Hauptsache Arbeit? Männer zwischen Beruf und Familie, Reinbek b. Hamburg

Schuler, Margaret (Hrsg.) (1995): From Basic Needs to Basic Rights: Women's Claim to Human Rights, Washington

Seguino, Stephanie (2000): Gender Inequality and Economic Growth. A Cross-Country Analysis. Word Development, Vol. 28, No 7, S. 1211-1230

Sennett, Richard (1998): Der flexible Mensch. Die Kultur des neuen Kapitalismus. Berlin

Shiva, Vandana (2002): Export at any Cost: Oxfam's Free Trade Recipe for the Third World, in: Seatini Bulletin Vol.5, No 10, S.8-12

Südwind (1997): Kleiderproduktion mit Haken und Ösen. Siegburg

Taylor, Viviene (2000): Marketisation of Governance. Critical Feminist Perspectives from the South, DAWN, Cape Town

Tomasevski, Katarina (1993): Women and Human Rights. London/New Jersey

Truong, Thanh-Dam (1998): The Underbelly of the Tiger: Gender and the Demystification of the Asian Miracle. ISS, The Hague

UNDP (1995): Bericht über die menschliche Entwicklung 1995, DGVN, Bonn

UNDP (2003): Making Global Trade Work for People, London/New York

UNIFEM (2000): Progress of the World's Women 2000, New York

UNIFEM (2002): Gender Budget Initiatives. Strategies, Concepts and Experiences, New York

United Nations (1999): World Survey on the Role of Women in Development. Globalization, Gender and Work, New York

Vereinte Nationen (2000): Die Frauen der Welt 2000, BMFSFJ, Berlin

Wichterich, Christa (1996): Wir sind das Wunder, durch das wir überleben. Die 4. Weltfrauenkonferenz in Peking, Köln

Dies. (1998): Die globalisierte Frau. Berichte aus der Zukunft der Ungleichheit, Reinbek b. Hamburg

Dies. (2000): Strategische Verschwisterung, multiple Feminismen und die Glokalisierung von Frauenbewegungen, in: Ilse Lenz/Michiko Mae/Karin Klose (Hrsg): Frauenbewegungen weltweit. Aufbrüche, Kontinuitäten, Veränderungen, Opladen, S. 233-257

Dies. (2000a): Gender matters, in: Peripherie 77/78, S.51-75

Wick, Ingeborg (1998): »Frauenarbeit in Freien Exportzonen. Ein Überblick«. In: Prokla, Nr. 111, S. 235-249.

World Development (1995): Gender, Adjustment and Macroeconomics, Vol. 23, No 11

Young, Brigitte (1998): Genderregime und Staat in der globalen Netzwerkökonomie. In: Prokla 111/2, S. 175-198

Die Ohnmacht überwinden...
...eine andere Welt möglich machen!

Attac wird zum Motor einer neuen Bewegung für eine sozial und ökologisch gerechte Globalisierung. Für immer mehr Menschen ist Attac Hoffnungsträger, die vermeintliche Ohnmacht zu überwinden und politische Veränderungen zu erreichen. Eine andere Welt möglich zu machen.

Werden Sie Teil dieser Bewegung und engagieren Sie sich bei Attac. Attac-Gruppen in Ihrer Region laden Sie ein zum aktiv werden. Unterstützen sie uns mit Ihrer Mitgliedschaft oder einer Spende.

Besuchen Sie unsere Internetseite www.attac.de oder schicken Sie den untenstehenden Coupon an uns.

Spendenkonto Attac Deutschland:
Kto.Nr. 10 15 15 0, Ökobank e.G., BLZ 500 901 00
Spenden sind steuerlich absetzbar.

---- ✂ --

Coupon schicken an: Attac Deutschland, Münchener Str. 48, 60329 Frankfurt/M., Tel. 069/900281-10, Fax -99, info@attac.de

Name: _____ Telefon: _____

Straße: _____ Fax: _____

PLZ / Ort: _____ e-mail: _____

❏ Ich möchte weitere **Informationen** über Attac.

❏ Ja, ich möchte **Mitglied** bei Attac werden.

Der Mitgliedsbeitrag für Einzelpersonen beträgt 15 bis 60 €/Jahr oder gerne auch mehr. Für Organisationen bis 100 Mitglieder 25 €/Jahr, bis 500 Mitglieder 50 €/Jahr und ab 500 Mitgliedern 150 €/Jahr.

❏ Ich erkläre mich damit einverstanden, dass Attac jährlich / monatlich meinen Mitgliedsbeitrag in Höhe von jeweils _____ € von meinem Konto abbucht.

InhaberIn: _____ Konto-Nr.: _____

Bank: _____ BLZ: _____

Datum: _____ Unterschrift: _____

❏ Ich überweise meinen Beitrag von _____ € jährlich / monatlich auf das Konto von Attac.

❏ Ich möchte Attac mit einer Spende unterstützen. Ich spende einmalig / monatlich / jährlich _____ € auf das Spendenkonto (s.o.)